MEDITACIÓN

Guía de atención plena para aumentar la felicidad

(El secreto para una vida zen feliz y exitosa)

Uriel Saenz

Publicado Por Daniel Heath

© Uriel Saenz

Todos los derechos reservados

Meditación: Guía de atención plena para aumentar la felicidad (El secreto para una vida zen feliz y exitosa)

ISBN 978-1-989853-85-6

Este documento está orientado a proporcionar información exacta y confiable con respecto al tema y asunto que trata. La publicación se vende con la idea de que el editor no esté obligado a prestar contabilidad, permitida oficialmente, u otros servicios cualificados. Si se necesita asesoramiento, legal o profesional, debería solicitar a una persona con experiencia en la profesión.

Desde una Declaración de Principios aceptada y aprobada tanto por un comité de la American Bar Association (el Colegio de Abogados de Estados Unidos) como por un comité de editores y asociaciones.

No se permite la reproducción, duplicado o transmisión de cualquier parte de este documento en cualquier medio electrónico o formato impreso. Se prohíbe de forma estricta la grabación de esta publicación así como tampoco se permite cualquier almacenamiento de este documento sin permiso escrito del editor. Todos los derechos reservados.

Se establece que la información que contiene este documento es veraz y coherente, ya que cualquier responsabilidad, en términos de falta de atención o de otro tipo, por el uso o abuso de cualquier política, proceso o dirección contenida en este documento será responsabilidad exclusiva y absoluta del lector receptor. Bajo ninguna circunstancia se hará responsable o culpable de forma legal al editor por cualquier reparación, daños o pérdida monetaria debido a la información aquí contenida, ya sea de forma directa o indirectamente.

Los respectivos autores son propietarios de todos los derechos de autor que no están en posesión del editor.

La información aquí contenida se ofrece únicamente con fines informativos y, como tal, es universal. La presentación de la información se realiza sin contrato ni ningún tipo de garantía.

Las marcas registradas utilizadas son sin ningún tipo de consentimiento y la publicación de la marca registrada es sin el permiso o respaldo del propietario de esta. Todas las marcas registradas y demás marcas incluidas en este libro son solo para fines de aclaración y son propiedad de los mismos propietarios, no están afiliadas a este documento.

TABLA DE CONTENIDO

Parte 1 1

Introdução 2

Capítulo 1: O Que É Meditação E O Que Não É 6

A MEDITAÇÃO SUPERA A CONCENTRAÇÃO MÉDIA. 7
A MEDITAÇÃO TAMBÉM NÃO É RELAXAMENTO. 7
MEDITAÇÃO NÃO TEM NADA A VER COM RELIGIÃO OU PRÁTICAS
RELIGIOSAS. 8
PENSAR TAMBÉM NÃO É MEDITAÇÃO, NEM A CESSAÇÃO DE
PENSAMENTOS. 8
ENTÃO, O QUE É MEDITAÇÃO? 9

Capítulo 2: Benefícios Científicos E Esotéricos Da Meditação
.... 15

AUMENTA A FUNÇÃO CEREBRAL E IMUNOLÓGICA. 16
REDUZ O ESTRESSE E OS PROBLEMAS QUE O ESTRESSE LEVA. 18

Capítulo 3: A Postura Ideal, Localização, Tempo E Respiração
.... 24

SENTE-SE CONFORTAVELMENTE. 25
ENTENDA A SUA RESPIRAÇÃO. 25
ESCOLHA UMA HORA. 26
RELAXE SEU CORPO. 27
ENTENDA GESTOS DE MÃO. 29
APRECIE SUA MEDITAÇÃO. 30
ENCONTRE UM LUGAR QUE FUNCIONE PARA VOCÊ. 31
ENCONTRE UM LUGAR QUE SEJA NOVO. 32
ENCONTRE UM HORÁRIO QUE FUNCIONE PARA VOCÊ. 32
ENTENDA QUANDO EVITAR A MEDITAÇÃO. 33
PRATIQUE DIARIAMENTE. 33
COMPROMETA-SE. 34
PRATIQUE A SUA MEDITAÇÃO EM QUALQUER LUGAR. 34
OBSERVE SEUS PENSAMENTOS. 36

Permita-se Aprender. 36

Capítulo 4: Como Tornar A Meditação Um Hábito Diário - Definindo Objetivos E Acompanhando O Progresso 38

Capítulo 5: Primeiros Passos - Noções Básicas De Meditação (O Que Fazer Depois De Fechar Os Olhos) 50

Capítulo 6: Estou Perdendo Meu Tempo? Como Eu Sei Que Estou Meditando? 54

Capítulo 7: Meditação Para Promover Uma Paz Interior Duradoura 63

Capítulo 8: Como Nunca Mais Sentir Estresse E Ansiedade 71

Capítulo 9: Técnicas Avançadas Para Meditação Mais Profunda.. 78

Capítulo 10: Prática De Meditação Continuada................... 85

Capítulo 11: Descobrindo Suas Forças Internas 92

Capítulo 12: Qual É A Melhor Técnica Para Meditação? 96

Capítulo 13: Vivendo Com Mais Atenção 103

Parte 2 107

Introducción 108

¿Por Qué Cinco Minutos?.. 112

¿Qué Es Meditación?.. 117

Algo Para Usted, No Importa Quien Es Usted O Donde Va 118

Fundamentos Para Su Práctica De Meditación De 5 Minutos. 120

Muy Importante 122

La Conciencia De La Respiración En La Meditación 124

Meditación Mantra... 126

Punto Visual, O De Enfoque... 128

Meditación Caminando 131

Meditación Del Sonido, La Música O El Cantico 132

Respiración Enfocada 134

COMO RESPIRAR PARA QUE USTED TENGA EL MAYOR BENEFICIO DE
ELLO. 135

El Circulo De Estrés Y Cómo La Respiración Lo Aniquila
Correctamente 137

La Respiración En Tres Partes 139

Relación De La Respiración 1-4-2 142

Relación De La Respiración 1-2... 144

Reto De 10 Días De Meditación.. 149

Conclusión 157

Parte 1

Introdução

Você pode aprender a meditar! Não é complicado aprender como fazer e há tantos benefícios para a saúde que você seria totalmente maluco em não aprender como meditar.

Quanto tempo você gasta com a sua mente? Isso pode parecer uma pergunta complicada. Embora você tenha respondido a estímulos e tenha criado pensamentos que se originam em sua mente, isso não significa que você esteja vivendo com a sua mente de um jeito consciente.

Pense em todas as vezes que você agiu sem pensar, disse algo que você não quis dizer, ou simplesmente cometeu um erro simples. Sua mente subconsciente está sempre correndo, esteja você ciente disso ou não, e, às vezes, pode ser uma verdadeira distração.

Uma maneira de aumentar sua nitidez mental e foco é através da meditação. Se você acha que não tem tempo para meditar, estou aqui para dizer que você está totalmente enganado! Você pode praticar técnicas de meditação em apenas alguns minutos por dia e sentir os efeitos quase que imediatamente.

Por milhares de anos, as pessoas em todo o mundo têm usado a meditação para se conectar com suas mentes, compreender-se mais e aumentar a capacidade natural de sua mente. Não está ligado a nenhuma religião, e pessoas de todas as raças, religiões, etnias e credos, criam um ato espiritual de meditação.

Desbloquear sua mente permite que você lute contra pensamentos negativos, emoções negativas e crenças negativas. Você usará essa nova atenção plena adquirida pela meditação para desenvolver a felicidade e a paz que você pode acessar a qualquer momento durante o dia, não importando o que aconteça em seu caminho.

Em breve, você entenderá o que é meditação, como é útil e por que é praticada por milhões de pessoas em todo o mundo, todos os dias. Daí em diante, você aprenderá vários truques que o ajudarão a praticar a meditação todos os dias, para que você possa ver, então, como isso muda sua vida.

Depois de obter os fundamentos da meditação, você fará a transição para as técnicas avançadas que fazem uso de todo o seu corpo para alcançar o objetivo de aumentar a atenção plena. Ao seguir com sua meditação, você aprenderá sobre si mesmo, aprenderá sobre a sua mente e como ela é.

Depois de obter os fundamentos da meditação, você fará a transição para as técnicas avançadas que fazem uso de todo o seu corpo para alcançar o objetivo de aumentar a atenção plena. Ao seguir com sua meditação, você aprenderá sobre si mesmo, sua mente e como ela é conectada ao universo. Isso é algo que você não quer esperar mais um dia para entender!

Vire a página e você descobrirá os segredos do processo de meditação.

Capítulo 1: O que é meditação e o que não é

Talvez você tenha experimentado a meditação num primeiro momento e esteja procurando continuar o processo e incluí-lo como parte de sua rotina diária. Ou talvez, você tenha ouvido sobre todos os benefícios da meditação e esteja se perguntando o que é, e o que pode fazer pelo seu bem-estar, mental e físico.

Não importa quanta experiência você tenha pessoalmente com a meditação, é sempre benéfico lembrar-se do que é a meditação e como ela pode beneficiar você no intuito de fortalecer sua prática. Neste capítulo, você aprenderá o propósito da meditação.

Se você é um iniciante em meditação, pode ter um equívoco sobre o que é meditação. Embora a meditação seja um processo simples o suficiente para entender que, a maioria das pessoas, não compreende realmente o que é meditação ou, por que é praticada. Neste capítulo, você descobrirá ações que, muitas vezes, são mal interpretadas como forma de meditação e o que significa realmente meditar.

Espero que traga alguma clareza sobre o assunto da meditação e como você pode usá-lo para afetar positivamente sua vida.

A meditação supera a concentração média.

Quando você se concentra em algo, você está usando o poder mental para se deter nesse assunto durante um período prolongado de tempo. A meditação ajuda você a desenvolver essa capacidade de concentração, mas é muito mais do que isso. Não há necessidade de controlar a mente ou, fixar-se em um certo ponto, enquanto medita.

A meditação também não é relaxamento.

Muitas vezes, uma sensação de calma e relaxamento vem da prática da meditação, mas é apenas um efeito secundário. Quando você relaxa, permita-se concentrar-se em coisas que não são estressantes. Isso refresca a mente e o corpo, e deixa o cérebro ativo, desviando sua atenção para outro lugar. A meditação é muito mais do que apenas relaxamento.

Meditação não tem nada a ver com religião ou práticas religiosas.

Muitas vezes há um equívoco de que apenas certas religiões meditam e estão intimamente relacionadas à oração. A meditação é espiritual, portanto, é submetida por pessoas de todas as diferentes religiões, ideologias e doutrinas. Todos podem experimentar a meditação, independentemente das crenças religiosas.

Pensar também não é meditação, nem a cessação de pensamentos.

Embora a meditação ajude a reduzir a quantidade de pensamentos que surgem em sua cabeça, o objetivo é resolver os pensamentos inconscientes que são fáceis para a mente se fixar. Muitas vezes, pensamentos diferentes preenchem a mente quando há um vazio, deixando nossos pensamentos dispersos, pois surgem da mente inconsciente. A meditaçãoajuda a nos tornar conscientes de nossos pensamentos; e, faz o estado de pensar, um processo consciente.

Então, o que é meditação?

A meditação é o caminho para desenvolver a consciência.

Através da meditação, você começa a se entender internamente e começa a perceber sua verdadeira natureza: que você é Um com o universo. Envolve limpar sua mente e estar no presente - o aqui e agora. É aceitar como tudo realmente é e entender a verdadeira realidade do universo e de você mesmo.

Ao compreender seu verdadeiro Eu e sua conexão com o universo, você começa a se conectar com a realidade não como os outros seres humanos a definem, mas como ela realmente é. A meditação nos dá uma abundância de energia, ajuda-nos a esclarecer nossos equívocos e permite usar nossos sentidos para experimentar o mundo com clareza. Traz paz e amor, cura a mente de pensamentos negativos e equivocados, e devolve a mente a um estado natural de paz e calma.

Ao longo do dia, você experimenta muitos estados mentais profundos e desagradáveis. A qualquer momento, sua mente pode estar em um estado mental de estresse, preocupação, apego, dor ou raiva. Às vezes, esses estados mentais negativos podem produzir a energia negativa na qual nos concentramos e intensificamos durante o dia. Praticar meditação é o remédio para curar nossa mente desses estados negativos.

Você remove os estados mentais negativos de sua consciência, retornando ao momento presente e entendendo que o passado já acabou, e que o futuro, ainda está por vir. Isso elimina a preocupação, a dúvida e o medo sobre eventos passados e futuros, e retorna ao seu estado normal de paz e tranquilidade. Sua mente não está presa constantemente, pensando sobre o negativo e, ao invés disso, está livre de equívocos sobre o seu ser.

Meditação envolve tomar o tempo para relaxar seu corpo, concentrando-se em sua respiração e fazendo todas as suas ações, uma decisão consciente.

É praticado de forma diferente em todo o mundo, com alguns sentados para meditar e outros estando conscientes de que tudo o que você faz pode ser uma forma de meditação. A beleza da meditação é que você é livre para praticar de qualquer jeito que funcione para você.

Há muitos benefícios para a meditação que você descobrirá através da prática.

Um dos motivos é promover um estado mental positivo e sentimentos de felicidade. Melhorar a saúde e aliviar o estresse é outra razão pela qual as pessoas praticam a meditação. Algumas pessoas gostam de ter tempo pessoal para se conectar com seu corpo e mente, para que possam refletir sobre a vida e se preparar para os momentos em que não estão meditando. Você aprenderá sobre todos os diferentes benefícios da meditação em um próximo capítulo.

Outro engano sobre a meditação é que, para fazer o certo, você precisa ter anos de experiência.

Iniciantes encontram tantos benefícios da meditação quanto aqueles que são experientes. É um processo contínuo de autodescoberta que pode alterar seu estado mental em apenas 5 minutos.

À medida que você se acostuma com o processo, poderá aumentar a quantidade de tempo que medita e ajustá-lo à sua programação, independentemente de quão ocupado esteja. Quer seja dedicar algum tempo a centrar-se, ou meditar durante uma hora, ou mais, para se desenvolver e explorar a si mesmo, é sempre algo para o qual pode regressar ao longo do dia.

Espero que isso tenha explicado os fundamentos da meditação. A melhor maneira de entender o que é e como isso é feito, é se envolver com a meditação por si mesmo.

Uma vez que o processo de meditação tenha sido adicionado à sua rotina diária, você experimentará seus efeitos completos e descobrirá como isso é benéfico para você.

Vamos explicar a transição para todas as formas diferentes de você se beneficiar da meditação, no intuito de saber o que almejar.

Capítulo 2: Benefícios Científicos e Esotéricos da Meditação

Agora que você entende o propósito da meditação e entende o que é e o que não é, neste capítulo você aprenderá os benefícios que receberá da meditação. Diferentes pessoas experimentam coisas diferentes através da prática diária, mas, no geral, afeta principalmente o nosso bem-estar, físico e mental. Se você teve doenças físicas, sofreu de doença mental ou está apenas interessado em melhorar sua vida, encontrará a resposta na meditação.

Estudos científicos mostraram que a meditação promove saúde positiva, altera e melhora o cérebro, aumenta seu nível de felicidade, melhora sua vida social e muito mais. Com todos os benefícios comprovados e como é fácil praticar e adicionar a meditação à sua rotina, é uma loucura não participar de alguma forma de meditação diariamente. Vamos discutir os benefícios científicos da meditação, bem como os benefícios esotéricos que você obterá ao praticar a meditação. Aqui estão todas as maneiras que a meditação beneficia você.

Aumenta a função cerebral e imunológica.

Alguns estudos científicos mostraram que existe uma correlação positiva entre funções cerebrais e imunológicas, e a meditação. Apenas um curto período de tempo gasto aumentando a sua consciência através da meditação pode reduzir os efeitos do estresse sobre o corpo e ajudar a combater doenças. Quando você medita, seu corpo produz mais anticorpos que combatem bactérias e vírus. Isso aumenta o sistema imunológico e protege contra doenças.

Reduz a dor

Essa não é a única maneira pela qual a meditação pode melhorar a sua saúde. Está cientificamente provado que a dor e outros sentidos são afetados pelo seu estado de espírito. Concentrando-se na positividade e removendo os estados negativos da mente, você pode reduzir a intensidade da dor crônica, quer seja um iniciante ou um mestre Zen. Embora não elimine toda a dor, reduzirá a quantidade de dor que seu corpo experimenta e reduzirá seu nível de estresse.

Aumenta a felicidade.

Há muitas pessoas no mundo que poderiam usar um pouco de felicidade em sua vida e, se você é uma delas, pode encontrá-la através da meditação diária. Estudos científicos mostraram que há um aumento na atividade do lado esquerdo do cérebro que está associado com felicidade e prazer, e, por sua vez, tem muitos efeitos colaterais positivos. Por exemplo, aqueles que praticam meditação frequentemente encontram novos propósitos na vida, aumentam sua atenção plena e constroem melhores relacionamentos sociais.

Reduz o estresse e os problemas que o estresse leva.

Se você já lidou com problemas relacionados ao estresse, como a depressão ou uma perturbação psicológica, pode curar esses problemas com a meditação. O estresse causa muitos problemas, como raiva, ansiedade e irritabilidade emocional, mas não precisa ser seu estado permanente. Através da atenção plena e consciência do seu verdadeiro Eu, você se desestressa e retorna à sua verdadeira natureza de felicidade e bem-estar.

Constrói Inteligência Emocional.

Você está se perguntando como a meditação pode influenciar sua vida social? Até aqui, você deve ter uma compreensão de como isso aumenta o seu nível de felicidade, o que também afeta o modo como você se conecta e trata os outros. A meditação desenvolve a sua inteligência emocional e sintoniza você com suas próprias emoções e as emoções dos outros.

Aumenta a sua compaixão.

Quando você constrói sua inteligência emocional, isto influencia o nível de sua felicidade e relaxamento, e, também, você constrói um nível de compaixão pelos outros. Conforme sua consciência cresce, a compreensão do sofrimento dos outros, também aumenta. Quando você é compassivo, as funções operacionais e emocionais do seu cérebro são mais desenvolvidas, você é mais altruísta e tem mais facilidade em se conectar com os outros. A compaixão é cultivada através da prática da meditação.

Traz estabilidade cerebral.

A meditação também provou mudar positivamente as regiões do cérebro e aumentar as emoções positivas, manter a estabilidade emocional e aumentar a atenção plena. A atividade cerebral e as funções cognitivas melhoradas, são o resultado direto da prática da meditação a longo prazo. As funções cognitivas, incluindo pensamento, sentimento, sensação e intuição, são todas alteradas para o melhor, através da prática da meditação.

Todos os benefícios discutidos acima são os benefícios, cientificamente comprovados, da meditação. Isso não significa que você não experimentará outros benefícios esotéricos enquanto pratica a meditação diariamente.

Vamos discutir alguns benefícios fisiológicos, psicológicos e espirituais que você pode experimentar da meditação diária.

Tristeza, raiva e depressão são geralmente respostas que vêm de estímulos externos. Eles podem ocorrer subitamente quando algo perturbador acontece em sua vida e, quase, pode parecer, que não há nada que você possa fazer, para não se sentir negativo.

Através da meditação regular, você aprende a não estar ao capricho da sua mente. A meditação permite-lhe compreender os seus pensamentos inconscientes, acalma a sua mente, o que lhe permite reduzir a quantidade de pensamentos negativos que ocorrem e molda a mente de modo a estar, constantemente, cheio de paz, felicidade e compaixão.

Pense na última vez que você ficou realmente chateado. O que desencadeou sua emoção? Foi sua escolha consciente ficar chateada ou aconteceu como resultado de uma determinada ação? Se você de repente ficar com raiva ou deprimido, a meditação o ajudará a controlar melhor a sua mente para não ser influenciada por estados negativos de emoção.

Durante a meditação, você aprende o quanto sua mente inconsciente está tagarelando sem parar e aprende a fazer do pensamento uma atividade deliberada. A partirdaí, você pode separar as respostas negativas que a sua mente naturalmente produz, e aprender a desvincular esses pensamentos do seu verdadeiro Eu, que é cheio de felicidade e paz. Você também aprende a retornar ao momento presente e parar de se preocupar com o que aconteceu no passado, ou o que ainda tem que acontecer no futuro.

Há toneladas de benefícios para a meditação. Alguns foram comprovados cientificamente, enquanto outros não foram verificados pela comunidade científica, mas são sentidos por milhões de pessoas que meditam diariamente.

A melhor coisa a fazer é praticar a meditação por si mesmo e entender como isso afeta você individualmente. A meditação é muito simples de participar e você notará as mudanças nas primeiras sessões.

Capítulo 3: A Postura Ideal, Localização, Tempo e Respiração

Agora que você aprendeu os benefícios da meditação e o objetivo no qual as pessoas ao redor do mundo meditam, vamos discutir a arte da meditação. Neste capítulo, você aprenderá o básico sobre como meditar, bem como dicas para garantir que aproveite ao máximo sua prática de meditação.

Meditação da senciência aberta, a meditação da atenção plena, a meditação guiada, a meditação transcendental e a meditação Vipassana. Há uma variedade de maneiras diferentes de meditar! Há um tipo diferente de meditação para praticamente todas as ocasiões, seja andando, sentado ou meditando embaixo de uma cachoeira.

Antes que você fique muito confuso tentando aprender todas as formas de meditação e quais são as diferenças entre cada uma delas, vamos apenas respirar fundo! Se você aprender os fundamentos da meditação, já saberá mais do que precisa para realizar qualquer tipo de meditação. Vamos discutir os fundamentos da meditação.

Sente-se confortavelmente.

Durante a sua meditação, você deve estar o mais confortável possível. Nessas circunstâncias, eu não estou dizendo para você ficar tão confortável a ponto de se deitar na cama, prestes a cair no sono. No entanto, estou sugerindo que você faça boas escolhas para manter seu corpo relaxado, durante toda a sua prática de meditação.

Entenda a sua respiração.

Respiração conecta a mente, o corpo e o espírito juntos e é um dos principais pontos para se concentrar durante a meditação. Como é uma ação involuntária, a respiração geralmente passa despercebida, embora você esteja fazendo isso o tempo todo. Quando seu corpo está relaxado, sua respiração também. Quando suas emoções estão calmas, sua respiração também está. Uma mente clara também traz uma respiração clara. Se suas emoções, corpo ou mente estão exaltados ou em um ritmo frenético, sua respiração também muda. É por isso que é tão importante escolher uma posição que seja confortável de manter. Isso permite que você retorne ao padrão de respiração normal, que ajuda a melhorar tudo no corpo.

Escolha uma hora.

Como iniciante, você pode decidir começar com 5 minutos de meditação e progredir quando estiver confortável. Em um determinado momento, 5 minutos parecerão muito curtos e você perceberá que está trabalhando em sessões de meditação de 20 minutos, meia hora e até mesmo uma hora. Durante este período, você deve estar confortável e relaxado. Se você escolher uma posição sentada que esteja desconfortável para você, seu foco será tirado de sua respiração e se transformará em quão doloridas estão as suas pernas, ou o quanto você quer se mover e se esticar.

Relaxe seu corpo.

Sempre mantenha o conforto no fundo de sua mente enquanto se prepara para a meditação. Você deve sempre sentar-se com as costas o mais reto possível sem sentir-se desconfortável. Suas mãos devem ser colocadas de uma forma que não cause dor nas costas, ombros ou braços. Sua cabeça deve estar ereta para incentivar a respiração, mas não deve estar em uma posição que seja difícil de manter por um longo período de tempo. Durante a meditação, você perceberá se algo não parece certo para o seu corpo e poderá tomar uma decisão consciente de trocar de posição,no intuito de beneficiar sua prática.

No que diz respeito a suas pernas e pés, se você puder sentar em uma posição de pernas cruzadas, é ótimo. Você também pode usar um tapete, travesseiro ou banco para ajudá-lo a ficar em uma posição confortável. Você pode se sentar em uma superfície, no chão ou até mesmo em uma cadeira. O caminho certo para se posicionar é o caminho mais confortável para você em uma posição vertical. Permanecer na posição vertical ajuda a relaxar e reduz a chance de você adormecer enquanto medita.

Sentar-se em uma cadeira durante a meditação não é trapacear e é recomendado se você tiver problemas sentado de pernas cruzadas ou no chão por longos períodos de tempo. Se você decidir sentar em uma cadeira, sente-se perto da frente do assento sem depender do encosto.

Certifique-se também de que a sua cadeira é de altura padrão, onde os seus pés podem descansar no chão. Usando uma cadeira de apoio, permite que você se concentre em sua respiração sem a necessidade de trocar de posição devido à dor ou desconforto.

Há muitos lugares diferentes onde você pode colocar as mãos durante a meditação, experimente todas as formas possíveise, faça o que for mais confortável para você. Você pode colocar as mãos nos joelhos ou com as palmas da mão para cima ou com as palmas da mão para baixo. Você também pode colocar as mãos no colo e as palmas da mão para cima ou, com os dedos de uma mão sobre a outra, e as pontas dos polegares se tocando.

Entenda gestos de mão.

Outra posição popular é o gesto de oração, onde você coloca as duas mãos juntas perto do peito. Da mesma forma, você pode colocar as palmas das mãos juntas, entrelaçar os dedos e apontar os dedos indicadores para cima. Isso é chamado de posição Uttarabodhi. Existem modalidades diferentes para o posicionamento das mãos, também conhecidas como Mudras, que influenciam a sua meditação.

Aprecie sua meditação.

Durante sua prática, lembre-se de que a meditação não é definida por regras que você sempre deve seguir. Você tem a liberdade e a escolha de tirar o máximo proveito de sua meditação, praticando de uma forma confortável e relaxante para você. Você descobrirá que isso é verdade não apenas para a posição em que você decide meditar, mas também para o local escolhido, o tempo que medita regularmente, e o estilo de respiração que você adota durante a meditação.

Então agora você entende a postura que você assumirá na meditação. Assim sendo, onde você deve meditar? Isso também depende inteiramente de você. Como um iniciante, isso pode ser que não tenha sido definido o suficiente, então vamos abordar o que você deve procurar no ambiente em que você vai meditar. Se você não consegue encontrar o lugar "perfeito" para meditar, comece escolhendo o melhor lugar possível.

Encontre um lugar que funcione para você.

Eu gosto de meditar em uma sala isolada para que eu tenha um espaço pessoal ininterrupto pelo mundo exterior. Infelizmente nem todo mundo tem esse luxo. Se eu não conseguir encontrar meu próprio quarto, procurarei um local ensolarado, com bom fluxo de ar, e que seja tranquilo, sem barulhos. Se em nenhum lugar no interior do espaço, atende minhas necessidades, ou se for um dia particularmente bonito, meditarei do lado de fora. Quando você escolhe um local para meditar, leve em consideração sua casa, seu ambiente e o tipo de espaço que faz você se sentir mais calmo e relaxado.

Uma vez que você se acostume a meditar dentro de sua casa ou longe do mundo, começará a perceber que as coisas que normalmente são distrações para a sua meditação, irão realmente implementar a sua prática. Você pode meditar em qualquer lugar quando estiver habituado, seja em torno de milhares de pessoas ou em um local barulhento. Tente experimentar a meditação em tantos lugares diferentes quanto possível e descubra o que funciona e o que não funciona para você.

Encontre um lugar que seja novo.

Uma coisa que pode realmente melhorar sua meditação é praticar em um ambiente no qual você pode não estar totalmente confortável. Você aprenderá isso praticando em uma área barulhenta ou, em torno de muitas pessoas, você transcende as distrações, torna-se mais atento ao ambiente e tem uma experiência de meditação mais forte.

Encontre um horário que funcione para você.

Então, quando é o momento certo para meditar? Mais uma vez, isso depende inteiramente de você. Você pode desfrutar de meditar em um determinado horário todos os dias que ajuda você a seguir um determinado cronograma. Um momento ideal para meditar é no início da manhã, quando geralmente é mais silencioso e não há distrações. Algumas pessoas preferem meditar à noite antes de dormir, pois o processo é calmo e relaxante. Idealmente, você deve meditar tanto durante o dia quanto à noite.

Entenda quando evitar a meditação.

Eu gosto de meditar depois de um banho de manhã e antes de comer. Os alimentos podem fazer você se sentir pesado e alterar a sua temperatura interna, o que não é ideal para a meditação. Portanto, você deve evitar meditar diretamente após uma refeição. Essa é realmente a única vez que você não deve meditar. Todos os outros momentos são os melhores momentos para meditar.

Pratique diariamente.

Você descobrirá que a prática diária é a mais benéfica. Duas vezes por dia é o ideal. Você pode até dividir uma longa sessão de meditação em duas sessões separadas para ajudá-lo a se acostumar com osperíodos de meditação mais longos. Pratique quantas vezes quiser durante o tempo que quiser, todos os dias. Nunca há uma desculpa para perder a prática diária, já que você pode encaixá-la na programação mais agitada.

Comprometa-se.

Seja qual for o tempo que você decidir, comprometa-se a praticar meditação uma vez por dia. Na próxima seção, você aprenderá as etapas a seguir para tornar a meditação uma prática diária. A primeira parte da prática diária de meditação é se animar a vivenciar pelo menos uma vez por dia. Pode ser uma meditação curta, de apenas 5 minutos. Se estiver com dificuldades, você pode meditar por 1 minuto! Basta fazer a escolha de praticar todos os dias e firmar com essa escolha.

Pratique a sua meditação em qualquer lugar.

Você pode meditar em casa, no escritório ou até mesmo parar em algum lugar para meditar entre o trajeto diário, por alguns minutos. Eu não quero te dar um tempo definido, porque eu não quero que você invente desculpas ou pense que você tem que meditar em qualquer momento específico. Em vez disso, dedique-se à meditação e pratique em um momento que funcione melhor para você.

O respirar.
Que tal falarmos sobre a respiração ideal para a meditação - tem que haver uma resposta para isso, certo? Ok, você me pegou! Existe uma maneira correta de respirar durante a meditação. Basicamente, você vai querer respirar pelas narinas com a boca fechada durante a meditação. Você também pode colocar sua língua no céu da boca, permitindo que a saliva percorra sua garganta sem precisar engolir.

Durante a sua meditação, você deve respirar naturalmente e não forçar a respiração. Em vez disso, fique atento à sua respiração e observe o seu padrão natural. Se você quiser contar sua respiração você pode, ou, pode simplesmente concentrar em sua respiração naturalmente. De qualquer forma, concentre-se apenas no ar, ao entrar e sair do corpo, pelo nariz. Não acompanhe o caminho do ar através do seu corpo. Apenas observe a respiração e solte-a, deixe ir.

Observe seus pensamentos.

Enquanto você medita, percebe que o seu pensamento se desvia. Quando isso acontece, volte a observar a respiração. Deixe os seus pensamentos desaparecerem e não se preocupe em acompanhar os seus pensamentos, nem se preocupe em ficar frustrada por pensar, em primeiro lugar. É natural e acontece com todos. Em vez disso, apenas se afaste do pensamento e observe a sua respiração.

Permita-se aprender.

Enquanto você está aprendendo o processo de meditação, lembre-se de dar a si mesmo bastante tempo para fazer tudo. Através da paciência e da perseverança, você entenderá o que é ideal para o seu corpo, mente e espírito. Se você estiver disposto a tentar novas posturas, novas posições e se comprometer com a prática diária, descobrirá o que funciona melhor para você em um curto período de tempo. Agora vamos discutir como você pode facilmente tornar a meditação um hábito diário.

Capítulo 4: Como tornar a meditação um hábito diário - definindo objetivos e acompanhando o progresso

Então você está pronto para tornar a meditação um hábito diário e está se perguntando como fazer isso. Neste capítulo, você aprenderá 12 dicas sobre como definir metas de meditação e acompanhar o seu progresso para nunca mais perder um dia, a partir de agora.

1. Torne impossível você falhar um dia.

Como iniciante, não há tempo definido para meditar e você pode fazer isso sempre que a sua programação permitir. Você pode levar as coisas devagar, em princípio, e se acostumar ao processo, com apenas 1 minuto por dia.

Quando você decide meditar por apenas alguns minutos por dia, você se prepara para que você realmente não possa falhar.

Escolha um horário no início que seja menor do que você acha que pode conseguir, apenas para ter certeza de que conseguirá. Dessa forma, você torna impossível perder um dia e pode se encaixar em qualquer horário, não importa o quão agitado for o seu dia. Depois de se comprometer a meditar diariamente, você obterá o hábito muito mais rápido.

2. Aumente sua meditação um pouco todos os dias.

Como você está começando devagar, não há limites para o quanto você pode aumentar a sua prática de meditação. Você não precisa se apressar, mas tente se esforçar para aumentar a quantidade de tempo que medita todos os dias.

Um dia, trabalhe até 5, 10 ou 15 minutos de meditação e veja como isso muda as coisas. Você notará que as horas extras poderão ser muito mais tranquilas no silêncio e que o tempo passa muito mais rápido do que você imagina. De vez em quando, tente meditar sem usar um temporizador e veja quanto tempo você pode meditar. Quando você testa a si mesmo, empurrando suas habilidades, é quando você faz as melhores descobertas.

3. Divida sua meditação em pedaços.

Se você quiser meditar uma hora por dia, isso não significa que você deve meditar uma vez por dia, por uma hora. Você pode dividir sua meditação em períodos de tempo que somam uma hora. Talvez seja mais fácil meditar duas vezes por dia, durante 30 minutos.

Sua agenda também pode exigir que você medite por períodos mais curtos e com mais frequência. Como você divide o seu tempo depende de você, apenas saiba que você pode dividir a quantidade de tempo que você medita a cada dia e, que períodos curtos e frequentes de meditação, podem vir a aumentar, muito mais rapidamente do que você imagina.

4. Se você falhar, volte para a meditação no dia seguinte.

Na vida as coisas estão destinadas a evoluir. Talvez você tenha esquecido ou simplesmente fique sem tempo durante o dia, para meditar. Se você perder uma sessão ou até mesmo um dia inteiro de meditação, não se arrependa. Basta comprometer-se a tomar medidas no dia seguinte, a fim de voltar no horário.

Se você se lembra de que ainda não meditou durante o dia e normalmente mantém um cronograma apertado, tente largar o que estiver fazendo, e, meditar. Se você fizer disso um compromisso diário e realmente seguir em frente, você tornará esse hábito em frequência diária, rapidamente. Você tem que se comprometer a meditar, não importa o que aconteça em sua vida.

5. Fique no ritmo. Não se queime.

Como iniciante, pode ser fácil se esforçar para meditar e se tornar esgotado. Leve as coisas devagar e só pratique o quanto quiser. A prática de meditação não deve ser estressante, e definitivamente não deve acabar com você. Se você mantiver um cronograma onde você gradualmente aumenta o tempo que medita, você deve ser capaz de torná-lo um hábito ao longo da vida.

6. Decida em um momento.

Escolha um turno que você medite todos os dias, não importa qual o tipo de meditação. Alguns gostam de meditar de manhã, outros preferem meditar à noite. Isso não significa que seja a hora certa para você. Você pode gostar de meditar ao meio-dia, antes de almoçar. Escolha o turno que funciona para você. Depois de escolher a parte do dia, tente meditar todos os dias naquele horário, não importa o que esteja acontecendo em sua vida.

Uma forma de me certificar de meditar diariamente a uma determinada hora é configurando dois alarmes no meu telefone. O primeiro me diz para parar o que estou fazendo e meditar. Quando o segundo alarme dispara, eu alcanço meu objetivo de meditação e posso continuar sentado em paz, ou posso abrir meus olhos e retornar aos meus deveres de onde parei.

7. Relacione a prática diária com uma ação já rotineira.

Talvez você não seja o tipo de pessoa que vive de acordo com as regras estabelecidas e, em vez disso, siga o fluxo. Às vezes você pode não acordar no mesmo horário todos os dias ou adormecer no mesmo horário, mas quer mais regularidade com sua prática de meditação. Em vez de escolher um certo tempo para meditar, você pode definir uma determinada ação que deve ser precedida ou seguida por meditação.

Por exemplo, você pode querer meditar depois de tomar um banho todos os dias. Dessa forma, você se lembra de que, assim que sair do chuveiro, deve meditar. Isso faz da meditação uma parte fluida de sua rotina diária. Você pode até meditar todos os dias antes de comer, por alguns minutos. Quando você tem um gatilho diário, você se lembra, através de suas ações, em criar o tempo para meditar.

8. Seja mais consciente durante toda a sua rotina normal.

Lembra de todos os diferentes tipos de meditação para cada ocasião? Você pode fazer praticamente qualquer coisa e estar em um estado meditativo e não precisa apenas meditar sentado no chão com os olhos fechados. Você pode decidir adicionar a meditação a tudo o que fizer, ficando mais consciente da situação, percebendo sua respiração e estando no momento.

Se você está andando em algum lugar, perceba todos os seus sentidos. Seja um com o seu entorno e tome nota do que você ouve, vê, cheira e sente. Quando você está comendo, em vez de se distrair com a televisão ou com o celular, fique atento à sua comida. Tenha consciência do que você está fazendo, cheirando, saboreando e sentindona sua comida e experimente a atenção plena de uma maneira nova. Ao adicionar atenção à sua rotina diária, você também adiciona meditação aos seus afazeres.

9. Faça isso, não importa em que circunstância você esteja

Se você é como a maioria das pessoas, você não é produtivo a cada minuto do dia. Quando você perceber que não está sendo produtivo, tente se encaixar em alguma meditação. Se você é produtivo 24/7 considere fazer uma pausa, meditando e relaxando um pouco. É ótimo para relaxar e refrescar a sua mente para que você possa voltar ao trabalho.

Às vezes a vida fica agitada e é fácil pular a meditação. Para se dedicar à sua prática de meditação, você deve se comprometer a fazer isso todos os dias, não importa o que esteja acontecendo em sua vida. A meditação é ótima durante momentos estressantes e agitados, e pode ajudá-lo a passar o dia, com mais atenção. Se você se comprometer a praticar durante os tempos difíceis, será mais fácil meditar regularmente.

10. Seja teimoso com a sua meditação

Isso é muito semelhante a praticar meditação, não importa em que circunstância você esteja. Permita-se ser teimoso sobre meditação e coloque-a antes de todas as suas outras tarefas. Aproveite o tempo para si em que você se presenteia a cada dia, dando-se a chance de meditar, não importa o quê. Isso vai melhorar o seu dia e tornar você uma pessoa muito mais amorosa e carinhosa.

11. Medite quando você perceber que está distraído

Não é fácil ficar sempre na tarefa e, especialmente com a tecnologia moderna, pode ser fácil se distrair com as grandes notícias, a televisão ou a Internet. Quando você perceber que tem um momento livre em que não está fazendo nada significativo, troque as marchas e medite. Vai ser muito mais benéfico para você e é uma maneira de garantir que a sua prática de meditação se torne um hábito diário.

12. Use um calendário.

Todos os dias que você meditar, marque um dia no seu calendário. Esse truque simples funciona e você nunca esquecerá se meditou um dia, ou não. Isso também é ótimo para saber quando você precisa se tornar mais consciente de como está gastando o seu tempo, pois, se você se esquecer de meditar, provavelmente estará reagindo ao seu dia, em vez de ser proativo. Usar um calendário também é um ótimo visual que garante que você pratique pelo menos uma vez por dia. Tente fazer um mês inteiro assim, sem perder um dia, e faça algo especial para você, como uma recompensa, quando alcançar o seu objetivo.

Se você empregar alguma dessas técnicas, você certamente tornará a meditação diária um hábito muito mais fácil do que o esperado! O principal é se comprometer com a sua prática diariamente. Dê o primeiro passo para o sucesso diário e descobrirá que é fácil mantê-lo por toda a vida.

Capítulo 5: Primeiros Passos - Noções Básicas de Meditação (o que fazer depois de fechar os olhos)

Neste capítulo, você aprenderá os passos da meditação e algumas coisas para estar atento, em saber se está meditando corretamente. Aqui está um guia passo a passo para meditar. Lembre-se de fazer o que é mais confortável para você.

1. Sente-se confortavelmente no chão, em uma cadeira
Escolha uma postura para sentar e manter durante o curso de sua meditação. Use quaisquer almofadas, cadeiras, bancos ou tapetes que você precisa para se sentir confortável.

2. Feche os olhos (ou mantenha-os entre abertos).
Não force os seus olhos a fazer nada. Se eles abrirem um pouco, deixe-os abertos pois, ainda, é possível praticar a meditação com os olhos abertos, e muitas pessoas

praguejam isso. O principal é relaxar independentemente de seus olhos estarem abertos ou fechados.

3. Coloque as mãos de uma maneira que suas mãos e braços estejam relaxados. Algumas posições básicas são para colocar as mãos em uma posição de xícara perto do seu abdômen. Você também pode colocar as palmas das mãos voltadas para cima ou para baixo, perto dos joelhos. Se sentir alguma dor nos ombros ou braços, mova as mãos para uma posição confortável.

4. Decida onde colocar o seu foco. Isso pode estar na sua respiração, um objeto visual se você estiver mantendo os olhos abertos, um mantra, uma visualização, etc. Seu foco deve estar aberto, em uma forma ampla, significando que você está ciente de tudoque acontece ao seu redor e dentro de sua mente. Se a sua mente entrar em pensamentos

aleatórios ou se distrair com o som, volte ao que você está focando e use-a para fortalecer a sua meditação.

5. Fique no momento - sua mente irá vagar.
Apenas deixe acontecer. Permita-se descartar pensamentos que estão no passado ou no futuro. Volte para a sua área de foco ou confie na sua respiração. Confie em seus sentidos para entrar em contato com o seu corpo e como você se sente a cada momento durante a sua meditação.

6. Sente-se e observe.

7. Termine a meditação lentamente.

Permita-se voltar à realidade antes de se levantar ou andar por aí. Uma vez que você tenha decidido que a meditação terminou, você pode levar o seu tempo e relaxar em uma posição sentada ou você pode deitar-se e tomar nota de como você se sente após a sua prática.

Essas 7 etapas são o processo da eficácia em meditação. Como iniciante, pode ser difícil fazê-lo por mais de 5 minutos.

Não se preocupe com o período de tempo meditado no início e, em vez disso, comprometa-se a aprender e desenvolver o processo. À medida que você melhora, você pode aumentar o tempo que medita e atingir o objetivo que almeja para si.

Capítulo 6: Estou perdendo meu tempo? Como eu sei que estou meditando?

Durante o processo, você pode se perguntar o que deve sentir, experienciar ou perceber para saber se está agindo corretamente. Não olhe para a meditação como uma certa experiência. Em vez disso, esteja aberto para o que quer que aconteça durante a sua prática. Se você está seguindo o processo, não há como você estar fazendo isso incorretamente.

Um dia você pode ter uma experiência maravilhosa durante a meditação e procurar a mesma experiência da próxima vez que meditar. Se você não experimenta as mesmas coisas todos os dias, não é um problema. Permita-se sentir os altos e baixos da meditação, assim como você faz, com os altos e baixos da vida. Com o tempo, você superará esse estado normal de consciência e transcenderá o que achava ser possível.

Aqui estão algumas experiências que podem acontecer durante a meditação:

1. Maior consciência durante a meditação

Quando você medita, você experimenta diferentes níveis de consciência. Você usará a mente consciente para destacar algumas das suas experiências durante a meditação do seu verdadeiro eu. Por exemplo, você pode perceber que a mente subconsciente é o que causa toda a tagarelice durante o processo. Você não é esta mente subconsciente, nem seu corpo, mas sim, a mente inconsciente em que você descobrirá, através da meditação. Você se torna consciente disso, através da consciência na meditação, o que leva ao despertar e à descoberta do seu verdadeiro potencial.

2. Observação destacada

Você não é os seus pensamentos ou a sua mente. Você pode observar os seus pensamentos; você pode vigiar a sua mente. Não faça julgamentos nem críticas sobre o que você está pensando durante a meditação. Lembre-se de se concentrar na respiração e, com o tempo, seus pensamentos cessarão. Quando você pode se desligar do pensamento, você fez um grande avanço em sua meditação.

3. Maior tranquilidade

Seus pensamentos, sons e distrações não afetam você. Através do cultivo da mente, você descobrirá a sua verdadeira natureza. Essa é uma paz pura, calma, tranquila e serena. Em um determinado momento, não importa o que aconteça em sua meditação, você poderá manter a calma e a paz. Você notará que qualquer ansiedade ou estresse desaparecerá quando você se tornar essa paz pura.

4. Conexão com todos.

Você é um com tudo no universo. Você pode perceber esse sentimento imediatamente em sua meditação, ou pode demorar um pouco para se desenvolver e crescer, a partir de sua prática. De qualquer forma, você pode dizer se a sua meditação está indo bem, é se você sentir uma nova sensação de conexão com tudo.

5. Descobrindo o Ser eterno

Depois de entender que você está conectado com o mundo, você também aprenderá que é um ser eterno. Enquanto houver outros seres vivos que experimentam a consciência, você também está vivo. Você, em seu núcleo, é muito mais do que os pensamentos ou seu corpo físico. Você está conectado com tudo o que é consciente e continua a viver, tanto quanto eles.

6. Paz e boa vontade para todos

Depois de entender sua conexão com todos os seres, você entenderá a importância de ser pacífico e bom para tudo o que é vivo. A vida de outros humanos, plantas e animais é o que garante que todos prosperem na vida. Em sua meditação, você pode experimentar uma enorme sensação de paz e boa vontade para todos os seres.

Se você não tem todas essas experiências durante a meditação, não se preocupe se elas não estão indo bem ou se você não está se desenvolvendo! Cada pessoa tem uma experiência diferente e deve aceitar as coisas como elas vêm. Não há bagunça na meditação. Mesmo que você não experimente nenhum dos itens acima, pode haver alguns sinais ocultos de que a sua meditação está indo melhor do que o esperado. Pergunte-se depois de fazer da meditação um hábito diário:

7. Outras pessoas notam mudanças em você?

Já que todos mudam no dia-a-dia, você pode não perceber todas as formas que mudou desde que aprendeu a meditar. Pergunte a alguns amigos próximos se eles notaram algo diferente sobre suas ações. É provável que eles descubram coisas que você pode ter perdido em si mesmo.
8. Você notou mudanças em seus pensamentos, concentração ou consciência após a meditação?

É comum que as pessoas se tornem mais pacíficas, mais compassivas, menos estressadas e menos ansiosas enquanto praticam a meditação diariamente. Realmente pense em todas as mudanças que você percebe por causa da meditação para descobrir como isso está afetando você pessoalmente. Você já notou alguma mudança positiva?

9. Você está mais ciente da sua postura?

Talvez durante o dia você esteja mais ereto. Talvez você costumava estar em uma posição de desleixo e, agora, você se senta corretamente. Como você está focado na respiração e certificando-se de que está respirando adequadamente durante a meditação, é fácil levar esses bons hábitos para outras áreas de sua vida também. Uma maneira pela qual a meditação pode ter um efeito positivo é melhorar a sua postura.

10. Você está mais ciente das escolhas que você faz?

Uma das mudanças mais comuns que a meditação traz, tem a ver com a consciência. Ao longo do dia, você notará que as coisas que normalmente o incomodariam, mal o incomodam. As escolhas que você faz podem ser mais conscientes e planejadas. Como sua consciência mudou desde a prática da meditação?

Ao meditar com mais frequência, você deve ser capaz de identificar como isso está mudando você. Quando você começa, não se preocupe muito em fazer certo ou errado e, em vez disso, apenas experimente o processo. À medida que você melhora a prática da meditação, notará mudanças internas,em que sinalizarão que você está fazendo de uma forma acurada. Não deixe que você pare de meditar se você não notar as mudanças imediatamente, em vez disso, se comprometa com o processo e continue praticando a cada dia. Todo mundo tem seu próprio tempo, permita que o seu, venha naturalmente.

Capítulo 7: Meditação para promover uma paz interior duradoura

Quando você começar a praticar a meditação pela primeira vez, poderá notar como tudo está sempre ativo e ocupado. Sua mente inconsciente está constantemente pensando. As pessoas estão sempre ocupadas preenchendo suas vidas com trabalho e atividades. Há constantemente contas a pagar, prazos a cumprir e compromissos a definir. Como as pessoas parecem estar infelizes se não estão preenchendo o seu tempo com algo, elas levam uma vida que quase parece uma corrida de longa distância. Há uma resposta para esse problema, que permite que você encontre esta paz interior duradoura. Neste capítulo, você aprenderá por que a meditação proporciona a paz interior de que você precisa e como você pode retornar a um estilo de vida menos estressante e menos agitado.

Nesta seção do livro você aprendeu técnicas de respiração e habilidades de meditação para observar de perto, entender e moldar a mente. Através do foco contínuo na respiração e meditação você pode relaxar e ficar longe de todos os problemas agitados do mundo. Fortalece a mente para ajudá-lo a enfrentar qualquer coisa e permite que você recarregue. Meditando, você pode obter todas as habilidades necessárias para cultivar uma paz interior duradoura.

Quando você está meditando, reflita sobre o significado da sua vida. Qual é o objetivo final que você está tentando alcançar? Quando a sua vida tem um propósito e um objetivo, você pode alcançar a tranquilidade. Sem um objetivo de vida, tudo o que você faz não tem sentido, e pode ser fácil se sentir perdido, e como a sua vida não tem propósito. Medite em seu propósito e permita que ele chegue até você, através do pensamento contínuo, durante a meditação.

Quanto tempo você está tomando para si todos os dias? Antes de começar a meditar, seu tempo sozinho pode ter sido inexistente. Agora você tem períodos de tempo ao longo do dia em que pode gastar o tempo necessário para refletir sobre os seus pensamentos, limpar sua mente e reduzir o estresse. Todo mundo precisa de refúgio do mundo de vez em quando, e a meditação é uma maneira de você conseguir tempo para si mesmo.

Com essas vidas agitadas que todo mundo vive, não é incomum que as pessoas tenham perdido sua conexão com a natureza. Reconectar-se com o exterior e o seu ambiente pode ter um grande impacto na quantidade de paz interior que você tem. Sempre que for agradável do lado de fora, tente meditar ao ar livre, à luz do sol. Qualquer lugar é possível, tente e medite em diferentes ambientes e verá como isso afeta a sua paz interior.

Através da sua prática diária, você aumentará a atenção e conscientização. A maioria das pessoas passam o dia no piloto automático e se deslocam de um lugar para outro sem ter consciência de suas decisões. A consciência de suas ações traz paz interior e é cultivada através da meditação. Onde quer que você esteja, esteja ciente do que está ao seu redor. Observe os pequenos detalhes que você ignorou. Seja consciente do que você está fazendo, do que você está comendo e de onde você está. Olhe para toda a imagem e veja se você pode descobrir algo em seu entorno que seja novo. Desenvolver a atenção plena e a consciência constante, ajuda-o a alcançar uma paz interior duradoura.

Você está se sentindo particularmente estressado hoje? Experimente esta meditação para se permitir relaxar e espalhar a paz não só em si mesmo, mas também em todos os seres vivos:

1. Use a posição de meditação padrão que aprendeu na seção de postura ideal.

Sente-se de modo a ficar confortável, no chão, numa cadeira ou usando um banco ou uma almofada.

2. Relaxe o corpo.

Você pode se mover e se ajustar sempre que precisar. O principal objetivo é encontrar uma maneira de se sentar confortável e ajudar você a relaxar.

3. Mergulhe em paz.

Concentre-se no centro do seu corpo e continue a relaxar o corpo e a mente. Observe a respiração e volte a ela sempre que notar os seus pensamentos correndo sobre o estresse do dia. Deixe tudo ir e apenas observe como o seu corpo está relaxado e como as suas preocupações estão se afastando. Observe seus pensamentos e seja neutro para com eles, prestando atenção ao seu relaxamento.

4. Continue observando o seu corpo e relaxe.

Seu corpo entrará em um momento de verdadeira paz e felicidade. Esta é a sabedoria interior que você pode voltar a qualquer momento, através da meditação, sempre que estiver se sentindo estressado com o mundo. Essa sabedoria interior está dentro de todo ser vivo e pode promover a paz interior, a felicidade e a positividade. Com isso, sua mente ficará clara, pura e cheia de paz.

5. Compartilhe sua sabedoria interior.

Tire algum tempo depois de ter

encontrado a sua paz interior e felicidade para compartilhar com o mundo. Em sua mente, conecte-se com todos os seres vivos, todas as criaturas e tudo o que vive para dar-lhes uma parte de sua felicidade ilimitada. Imagine que ela se expande do centro de seu corpo por todo o mundo e preenche todo o espaço com nada, além de felicidade e paz. Conecte-se com todos, em todos os lugares, para ajudar a inibirpreocupações, medo, ganância e raiva. Através disso, você pode trazer paz interior não só para si mesmo, mas também para o resto do mundo.

6. Acrescente uma oração no final de sua meditação para realmente desejar a paz e a felicidade de todos os seres vivos.

Entenda que essa felicidade vem de dentro de você e que deve ser compartilhada com o mundo ao longo do dia com cada interação que você tem. Você tem o poder de mudar o mundo para melhor e pode fazê-lo com uma sessão de meditação, a cada vez.

Capítulo 8: Como nunca mais sentir estresse e ansiedade

Estresse e ansiedade são sentidos por milhões de pessoas em todo o mundo todos os dias, mas não precisa ser assim. Se você pensar sobre isso, ambos estão ligados ao mesmo problema, sendo um pensamento muito focado no passado ou no futuro. Neste capítulo, você aprenderá como remover o estresse e a ansiedade de sua vida e como mantê-lo afastado todos os dias, a partir de agora.

Através da meditação diária, você descobriu sua mente inconsciente e percebeu com que frequência ela está envolvida no diálogo com você. É essa mente inconsciente que também provoca estresse e ansiedade. Se você quiser remover a quantidade de estresse e ansiedade que sente durante a vida, tudo o que precisa fazer é mudar a forma de pensar por meio da prática contínua de meditação.

O que é estresse? É uma resposta negativa

no corpo a fatores estressantes externos. Causa ansiedade, ataques cardíacos, derrame e muitos outros sintomas físicos no corpo. Esse estressor externo nem precisa ser uma ameaça real; pode ser algo que você percebe como sendo um problema para você ou o seu ego. A boa notícia é que, como o estresse acontece em seu corpo como resultado do estímulo externo, você pode controlar os níveis de estresse e aprender a superá-lo.

Quando foi a última vez que você ficou estressado? As chances são de que, durante esse período de alto estresse, você esteja pensando muito sobre seus problemas, preocupações e estressores. Provavelmente não foi o estressor real que estava afetando o seu nível de estresse, mas sim seus pensamentos sobre a situação que fazem com que seu corpo se sinta mal. Para combater o estresse, você só precisa treinar os seus pensamentos, mudar as suas percepções e abandonar os pensamentos e sentimentos negativos que não estão servindo bem a você.

Aqui estão algumas dicas para remover o estresse de sua mente usando a meditação:

1. Mova-se mais!

O movimento ajuda a reduzir o estresse, altera seus hormônios e faz pensar em outras coisas. Uma maneira de adicionar movimento à sua meditação é participar da yoga, antes de qualquer outra atividade física. Permita-se alongar, manter poses e respirar profundamente enquanto se move. Você também pode participar de outras atividades, como correr, nadar e alongar antes de meditar. Qualquer coisa que te levante e se mova ajudará a combater o estresse.

2. Concentre-se na respiração.

Quando você está estressado, o mesmo acontece com a sua respiração. Retorne ao normal notando o quão rasa e ansiosa está a sua respiração, e concentre-se em respirar profundamente a ponto que enchao corpo de relaxamento e paz. Ao meditar, volte para a respiração e permita que os pensamentos negativos desapareçam. À medida que a respiração estabiliza, a mente e o seu estresse também não serão um problema.

3. Esteja atento

Muitas das coisas que o atormentam realmente não são tão sérias o quanto parecem. Meditação ajuda você a mudar a mente para que você possa ver as coisas de uma nova posição. São os pensamentos que provocam o estresse em seu corpo. Quando você consegue enxergar além do estresse e pensar no que está causando o estresse, é possível encontrar uma solução para os seus problemas e permitir que tudo passe. A meditação permite que você seja mais consciente sobre o que você está estressado. Volte ao seu espaço de meditação sempre que precisar pensar em algo que o afete negativamente.

Ansiedade é muito semelhante ao estresse, como também é uma resposta negativa que ocorre no corpo devido ao pensamento. Normalmente, um pensamento ansioso é aquele que está preso em algo que está no passado ou no futuro. Uma maneira de remover essa ansiedade é meditando para retornar ao momento presente, o aqui e agora que sempre parece escapar de nós.

Mindfulness, ou seja, atenção plena, também ajuda você com quaisquer problemas de ansiedade. Quando você está consciente de que é muito maior do que seus pensamentos e sentimentos, e é capaz de separar sua verdadeira natureza daquelas coisas que fazem você se sentir ansioso, você pode retornar a um estado de felicidade e paz. Se você não dedicar tempo para desenvolver a atenção plena enquanto estiver ansioso, continuará a se preocupar com as coisas que aconteceram no passado e com as hipóteses do futuro.

Através da atenção plena e meditação, você também aprende a aceitar os seus problemas. À medida que você escapa do pensamento que é definido em ações passadas ou possibilidades futuras, você é capaz de entender que a sua situação atual está enraizada no presente. Qualquer coisa que você veja como um problema é porque você supervalorizou os pensamentos que os tornam assim.

Use a meditação para aterrar você de volta ao momento presente. Você perceberá que as coisas estão bem agora, ao se concentrar na respiração e no relaxamento. Ele acalma a mente subsciente que está constantemente pensando em outros momentos, permite que você ganhe objetividade e lhe dá uma perspectiva sobre as coisas que estão lhe deixandoansioso.

Meditação não pode impedi-lo de sentir todo o estresse nem pode remover toda a ansiedade que você sente. Em vez disso, ele pode ser usado como uma ferramenta poderosa para identificar o que está criando essa resposta em sua mente e ajudá-lo a eliminar o problema subjacente, seu pensamento. Sempre que estiver se sentindo particularmente estressado ou ansioso, retorne ao momento presente, através da meditação, e permita-se perceber que você é muito mais do que os seus problemas atuais. Através da meditação, você encontrará uma maneira de superar tudo o que está fazendo com que você se sinta ansioso e estressado.

Capítulo 9: Técnicas Avançadas para Meditação Mais Profunda

Se você procura uma maneira de aprofundar a prática da meditação e desenvolver suas habilidades, às vezes pode se sentir limitado pela prática diária e desejar algo mais. Este capítulo irá discutir técnicas avançadas para uma meditação mais profunda, para que você possa obter o máximo benefício de sua prática.

Se você está pronto para ficar longe de tudo e se concentrar em si mesmo, então um retiro é a resposta que você está procurando. Os retiros de meditação são experiências incríveis, nas quais você é capaz de se conectar consigo mesmo, um grupo de pessoas de pensamento semelhante e receber instruções de meditação com outras pessoas. Retiros são maravilhosos para aqueles que são novos na meditação e aqueles que têm mais experiência.

Em um retiro, você construirá a atenção em qualquer lugar, de uma semana a dez dias. Não há nada para distraí-lo em um retiro, e você está livre para se concentrar, em sua respiração e na conexão com o ambienteao redor. Ele permite que você construa uma mente afiada em ser preenchida com amor, compaixão e bondade. Através da prática diária, você aprende a encontrar paz interior, liberdade interior e libertação.

Existe uma forma de meditação chamada Vipassana, que é uma das técnicas de meditação mais comuns da Índia. Ela é ministrada em cursos de dez dias em todo o mundo, gratuitamente. Existem locais na Ásia, América do Norte, América Latina, Europa, Austrália, Oriente Médio e África. Qualquer pessoa é bem-vinda para participar de um retiro de Vipassana sem nenhum custo, uma vez que todas as despesas são pagas através de doações de pessoas que completaram o curso anteriormente.

Há mais de 2500 anos, o Buda Gautama redescobriu a técnica de meditação Vipassana com o objetivo de encontrar a liberação total e a plena iluminação. Embora os budistas o tenham criado, qualquer pessoa é bem-vinda para praticar essa forma de meditação e, como é meditação, não tem vínculos com a fé.

Para ser admitido no curso, você deve concordar em seguir certas regras. Há um código de disciplina que aborda a conduta moral, conhecido como os preceitos que todos os que frequentam o curso devem seguir. Todos os membros do curso devem realizar os primeiros 5 preceitos, e os outros 3, devem ser realizados por qualquer pessoa que tenha concluído o curso antes. Eles são:
1. Abster-se de matar qualquer ser
2. Abster-se de roubar
3. Abster-se de toda atividade sexual

4. Abster-se de contar mentiras
5. Abster-se de todos os intoxicantes
6. Abster-se de comer depois do meio-dia
7. Abster-se de entretenimento sensual e decorações corporais
8. Abster-se de usar camas altas ou luxuosas

Além de seguir os preceitos, todos os alunos devem seguir as orientações e instruções dos professores, não praticar outras práticas espirituais durante o curso, observar o Nobre Silêncio durante todo o curso (o que significa que nenhuma forma de comunicação é permitida a qualquer aluno) e não pode se envolver em música, leitura, escrita ou outras formas de entretenimento.

Dentro deste curso de dez dias, você aprenderá como se concentrar na respiração, observar o corpo, desenvolver a equanimidade, não importa o que esteja ocorrendo na mente, aprender a meditação Vipassana e aprender a meditação da bondade amorosa. Não é um processo fácil e requer muita autodeterminação, mas quando você termina os dez dias de meditação, desenvolve uma mente mais forte e saudável.

Eu entendo que você pode querer fortalecer sua prática de meditação sem fazer um compromisso de dez dias em praticar, nada além de meditação, e viver em silêncio. Talvez você precise trabalhar um pouco e, em vez disso, quer ganhar mais da sua prática de meditação em casa. Se este for o caso, você apreciará a meditação Satipatthana.

O objetivo da meditação Satipatthana é aumentar nossa atenção plena e experimentar apenas o momento presente. Com a meditação Satipatthana, você se concentra em cada experiência que tem, com o foco do laser. O que quer que venha à sua mente, você se concentra no objeto em que está focando a atenção. Você deve se concentrar em tudo o que sente, percebe e pensa do começo ao fim de sua meditação.

Assim como a sua prática de meditação comum, você deve sentar-se confortavelmente e relaxado. Durante o tempo que você se senta e observa, é imprescindível trazer consciência para tudo que está ocorrendo em sua existência física e mental. Aproveite a experiência e deixe a sua consciência ser enérgica e entusiasmada. Você saberá que está certo, quando souber de tudo que acontece com você, de um momento para o outro.

Depois de ter experimentado a meditação Satipatthana, use-a sempre que quiser ter uma conexão mais profunda com o seu corpo. Use-o para construir a meditação Vipassana em um retiro e sua mente, corpo e espírito se desenvolverão juntos, e fortalecerão, toda a prática de meditação.

Capítulo 10: Prática de Meditação Continuada

Neste capítulo, você aprenderá algumas técnicas para continuar com a sua prática de meditação, mesmo depois de ter aprendido a meditação Vipassana e Satipatthana. Isto é, para pessoas que praticam regularmente e querem aprofundar o seu aprendizado e crescimento.

A maioria das pessoas que meditam regularmente não precisam dedicar mais tempo à sua prática diária, pois já é uma parte importante de sua rotina diária. Em vez disso, elas procuram se conectar com a respiração e a consciência delas em um nível mais profundo. Existem diversas técnicas avançadas de meditação que permitem que você se aproxime do corpo e da mente para desenvolver mais consciência. Pratique essas formas de meditação por alguns meses e veja como sua experiência com a meditação muda.

Técnica de Meditação dos Chakras

Existem sete Chakras no corpo que regulam seus centros físico, mental e emocional. Através da meditação, você pode restaurá-los e devolvê-los ao equilíbrio, a fim de encontrar paz e energia interior.

O Chakra da Coroa está localizado no topo da cabeça e desenvolve a divindade, a iluminação e a percepção durante a meditação. Você pode se concentrar nesta área para ajudá-lo a viver no momento presente, desenvolver a consciência e encontrar significado e inspiração na vida. Está associado à cor violeta e ao elemento "pensamento".

O Chakra da Testa está localizado na testa. Este Chakra também é chamado de Chakra do Terceiro Olho e, através da meditação, desenvolve a sabedoria, tomada de decisão e capacidade de pensar. Concentre-se neste chakra do seu corpo para obter compreensão, inteligência e sabedoria. Está associado à cor índigo e ao elemento "luz".

O Chakra da Garganta fica na base da garganta e, através da meditação, desenvolve a comunicação, a expressão de si mesmo e a veracidade. Concentre-se nesta área para desenvolver as suas habilidades de tomada de decisões, para se tornar mais criativo e para construir uma autoridade pessoal. Está associado à cor azul e ao elemento "éter".

O Chakra do Coração está localizado no seu peito. Desenvolva amor, conexão e paz interior meditando no seu Chacra do Coração. Concentre-se nisso para construir segurança de si, confiança, para aumentar sua abertura e conexões com os outros. Está ligado à cor verde e ao elemento "ar".

O Chakra do Plexo Solar está localizado em seu abdômen e meditar nessa área ajuda a aumentar sua confiança, encontrar auto-estima e assumir o controle de sua vida. Se você tiver alguma dificuldade em aceitar críticas, quiser reduzir seu ego ou lutar com questões de poder pessoal, você deve se concentrar nessa área. Está ligado à cor amarela e ao elemento "fogo".

O Chakra Sacral está localizado no umbigo. Medite nesta área para construir uma conexão mais forte com os outros e aceitá-los como eles são. Concentrar-se nessa área ajudará você a se sentir mais à vontade, provocar uma sensação de abundância e estará conectado à nossa criança interior e criatividade. Está ligado à cor laranja e ao elemento "água".

O Chakra da Raiz está localizado na base da coluna e, cultivar essa área, através da meditação, traz uma sensação de conexão com o mundo. Concentre-se nessa área para se sustentar financeiramente, construir uma conexão com seus amigos e familiares e aumentar sua consciência de sobrevivência. Está ligado à cor vermelha e ao elemento "Terra".

Então, como você medita nessas áreas onde os Chakras devem devolver o equilíbrio ao seu corpo? Aqui está um guia passo-a-passo de como você pode praticar a meditação dos Chakras:

1. Determine em qual chakra você quer se concentrar dependendo da área que deseja melhorar em sua vida.

2. Concentre-se no local do corpo desse Chakra enquanto faz seus exercícios normais de meditação.

3. Sinta a cor associada a esse Chakra e visualize-a abrindo essa área do seu corpo.

4. Pense na cor e mantenha a concentração nessa área do corpo, permitindo que ela se cure. Você pode sentir calor ou uma sensação de formigamento nessa parte do corpo.

5. Concentre-se em todas as áreas do seu corpo e sinta a energia que vem da raiz do corpo até o topo da sua cabeça. Com cada respiração, visualize mais e mais energia sendo enviada para seus Chakras. À medida que você se concentra, cada vez mais na energia que está recebendo, sinta a luz de cada área irradiando para fora do seu corpo e crescendo em pura luz.

6. Agora, concentre-se em cada Chakra em seu corpo e anexe-o à cor apropriada do Chakra. Isso irá manter todas as áreas do corpo energizadas e corrigir o corpo, como um todo. Continue respirando profundamente.

7. Quando tiver terminado, retome sua meditação normal e concentre-se na respiração. Você notará que certas áreas do corpo se sentem mais vivas e enérgicas durante esse processo.

Com a prática concentrada em seus Chakras, durante a meditação, você poderá concentrar a atenção e energia em áreas do seu corpo que parecem estar faltando. Você também pode ficar atento a um certo Chakra do seu corpo para ver como ele muda a sua percepção durante o resto do dia. Concentre-se em certas áreas do corpo para influenciar sua vida de uma maneira positiva e aproveite o crescimento que você é capaz de alcançar com essa técnica avançada de meditação.

Capítulo 11: Descobrindo Suas Forças Internas

Muitas vezes, as pessoas só olham para as coisas negativas da vida, esquecendo todas as coisas maravilhosas que fizeram e realizaram. A meditação permite que sua "mente de macaco" pare de se concentrar no negativo e reduz a quantidade de energia que você coloca em coisas que não estão fazendo de você um ser humano melhor e mais amoroso. Neste capítulo, você será lembrado de sua força interior e de como poderá usar seus pontos fortes, para melhorar o mundo.

Durante a prática da meditação, você descobrirá o seu verdadeiro eu. Isso é quem você é em seu núcleo. É cheio de amor, luz e felicidade. Use a meditação para retornar a este lugar de paz interior final. Quando você trabalha em sua mente através da meditação, você descobre todos os traços positivos que ignorou e, redescobre suas forças internas.

Através da meditação, você pode formar uma conexão espiritual mais forte e encontrar um propósito maior na vida.

Todas as coisas que você fez na vida fazem de você quem você é. Reconecte-se com as coisas maravilhosas que você fez para si e para os outros. Quando você forma uma forte conexão espiritual, desenvolve essas forças e aprende a ampliá-las para beneficiar o mundo.

Então, o que é possível fazer para descobrir as suas forças internas através da meditação

1. Torne-se um farol de positividade

Use a meditação para mudar quaisquer crenças negativas sobre você ou sobre o mundo e use-a para ver o que é bom. O universo está constantemente nos trazendo mensagens e oportunidades positivas, mas você precisa estar disposto e aberto a aceitá-las. Não bloqueie a mente com emoções negativas, em vez disso, seja um farol de positividade, esperança e amor.

2. Cultive a atenção plena

Cultive a atenção plena que você recebeu durante a meditação para fazer algo de bom para os outros. Talvez haja algo que você goste de fazer ou uma ideia que teve, mas que está adiando por um tempo. Agora é hora de voltar a isso e usá-lo para tornar o mundo um lugar melhor. Isso fortalecerá as suas habilidades, e, lembrará a si mesmo que podes fazer qualquer coisa que você queira.

3. Refletir sobre a vida

Decida onde sua vida está indo e se você tem uma visão diferente de onde gostaria que a sua vida estivesse, faça as mudanças necessárias para viver em um ambiente positivo. Tudo o que você faz, dos alimentos que você come, para as pessoas que estão ao seu redor no dia-a-dia, influenciam como você se sente em relação a si mesmo e a força de sua meditação.

4. Cultive relacionamentos

Cresça os seus relacionamentos com os amigos e familiares que o inundam de amor e felicidade. Retorne o favor a eles, lembrando seus entes queridos de suas forças internas, e lembre-os de que não importa o que esteja acontecendo em suas vidas, eles têm o poder de crescer e alcançar algo maior. Cerque-se de pessoas positivas que fazem você se sentir feliz, amado e motivado, e você perceberá que toda a sua vida muda, incluindo a sua prática de meditação.

É muito fácil esquecer quem você é e as conquistas alcançadas. Use a meditação diária para se lembrar de suas forças pessoais e permitir que ela o empurre para alcançar seus objetivos de vida. Para que você faça uma mudança na vida, você precisa mudar a si mesmo. Depois disso, tudo é possível.

Capítulo 12: Qual é a melhor técnica para meditação?

Quer saber qual é a melhor técnica para meditação? Neste capítulo, você aprenderá 10 técnicas que é possível usar em sua prática de meditação para que você possa aproveitar ao máximo os resultados da meditação.

1. Postura

Não há melhor técnica para a postura. Em vez disso, encontre uma maneira de tornar o corpo o mais confortável e relaxado possível, sem deitar e adormecer. A coluna deve estar ereta e sua cabeça deve estar levemente para frente por conta de ajudar na respiração natural. Colocando o foco em sua postura e mantendo um bom equilíbrio, você notará que a força da meditação vem facilmente e é fácil se concentrar no que é importante - sua respiração. Se você tem má postura, em vez de se concentrar em sua respiração, você percebe todo o resto, como a dor em que sente por estar sentado, ou a irritação em seus braços ou ombros.

Se ao sentar de pernas cruzadas não

funcionar bem para o seu corpo, sente-se em um banco, colchonete ou travesseiro. Experimente várias posições diferentes para ver qual delas é mais confortável para você. Com tempo eexperiência suficientes, você entenderá quais posições são as mais confortáveis.

2. Olhos

Como iniciante, experimente a meditação com os olhos fechados. Isso ajudará a centrar-se e evitará que você perca a concentração ou o foco. Com o tempo, você pode permitir que seus olhos se abram durante a meditação, para que você possa se concentrar em algo visual, como uma vela. Lembre-se sempre de fazer o que funciona melhor para você e não se preocupe se os olhos estiverem ligeiramente abertos ou próximos. Em vez disso, concentre-se em sua respiração e nos aspectos importantes da meditação.

3. Foco

A melhor prática com o seu foco é estar ciente de tudo o que acontece com o seu corpo. Entenda, mas não tente mudar isso. Aceite-o pelo que é, mantenha-se afastado dele e, eventualmente, você chegará a um lugar calmo e pacífico.

Sempre que você alterar o seu foco e se encontrar sonhando acordado, volte para a respiração. É o melhor lugar para focar a atenção e diz muito sobre como a sua meditação está progredindo. Você deve respirar naturalmente. Concentre-se na ponta do nariz bem perto da ponte do lábio superior. Experimente toda a viagem durante a meditação, não apenas no começo ou no final.

4. Conte a sua respiração

Se concentrarna respiração não é suficiente para ajudá-lo a resolver a mente tagarela, se pode contar a respiração. Toda vez que você inala e expira, conte a respiração até chegar a uma contagem de quatro. Isso irá mantê-lo no momento presente e ajudar a desviar o foco das distrações em seu ambiente e na mente.

5. Pensamentos

Deixe os seus pensamentos existirem. Não tente impedi-los, mas deixe-os terminar e depois dispensá-los quando o pensamento parar. Volte à respiração entre os pensamentos e você perceberá que eles surgem com menos frequência, até que eles deixem de existir.

6. Emoções

Com forte emoção, vem uma forte respiração e tensão no corpo. Quando você está se concentrando na meditação, às vezes as emoções fortes que você sente parecem tirar a tão importante paz interior. Não permita que isso te incomode mais. Em vez disso, localize a parte do corpo onde você está mantendoessa emoção armazenada.

Normalmente esta área será tensa e apertada. Dê vida a esta área e permita-se relaxar e deixar as coisas acontecerem. Retorne o foco à sua respiração, acalme as emoções e separe-se delas com um entendimento de que você não se identifica mais com essas emoções. Dessa forma, você ainda sente a emoção, mas a história e a fonte de sua raiva não mais continuam a impulsionar suas emoções.

7. Silêncio

A atenção plena cresce durante os momentos de silêncio. Algumas pessoas podem gostar de ouvir música de meditação, mas essa música não nos permite formar uma conexão mais forte com a nossa mente, ao invés disso, ela apenas abafará o pensamento. Tire algum tempo para meditar em silêncio e realmente experimente o que está acontecendo na mente. Você ganhará muita força com esse silêncio e poderá usá-lo para formar uma conexão mais forte com os seus pensamentos.

8. Duração

A melhor duração para a meditação é a quantidade de tempo que você medita. Como um iniciante, pode ser apenas alguns minutos. Permita-se, gradualmente, aumentar o tempo que você medita, mas; se você está lutando ainda para passar um certo tempo já estabelecido de prática, não se preocupe com isso. Lembre-se de que o mundo ainda estará aqui quando você terminar de meditar e, que existirá todo o tempo do mundo para meditar.

Não se compare com outra pessoa durante este processo. Todo mundo é capaz de meditar por diferentes períodos de tempo, em diferentes posturas, em diferentes partes do dia. Você é único e deve se esforçar para uma meditação mais profunda, mas se não funcionar, pelo menos você tentou. Você pode tentar novamente amanhã até atingir seu objetivo.

9. Lugar

Crie um local de meditação ideal, incluindo velas, ar fresco ou silêncio. Mude as localizações de vez em quando e experimente o que é meditar em um lugar diferente. Isso fortalecerá a conexão com a sua mente e você superará o que acha que foi possível durante sua meditação, pois colocou-se em um novo ambiente.

10. Prazer

Por que fazer alguma coisa se não estiver trazendo paz e felicidade? A melhor técnica absoluta para meditação é aproveitar o processo. Seja o mais feliz que puder durante o processo de meditação. Tente sorrir durante a meditação e ver quanta paz você encontra. Realmente se comprometa a deixar que todas as emoções negativas ou problemas com os quais você está lidando, sempre que você medita, e se concentre em apreciar o processo.

Capítulo 13: Vivendo com mais atenção

Neste capítulo, você aprenderá a viver com mais atenção, seja durante a prática de meditação ou emseu dia-a-dia.

Sempre que você perceber que está vivendo no passado ou se concentrando demais nos supostos momentos do passado, retorne ao momento presente, através da meditação. O momento atual é onde a paz e a felicidade vivem, o resto está acabado ou não existe. Quando você vive no momento presente, aceita as pessoas por quem elas são, cresce em seu nível de compreensão e constrói uma sabedoria maior sobre o mundo e os outros.

Concentre-se em tudo ao seu redor e faça parte de seu ambiente, em vez de permitir que a mente vagueie. É tão fácil perder toda a beleza que nos rodeia por causa de pensamentos negativos, equivocados e na vibração da raiva. É importante notar onde estamos a cada momento para que possamos desenvolver relacionamentos íntimos no "aqui agora", através do pensamento, sentimento, percepção e atenção à vida. Não é muito melhor do que apenas reagir ao que está acontecendo ao nosso redor?

Se você não desenvolver a atenção plena, corre o risco de enfrentar ansiedade, depressão e estresse. Tudo isso pode ser evitado, mantendo pensamentos que estão no momento e não estão enraizados no passado ou no futuro. Se você está se sentindo particularmente influenciado pelo seu estado mental negativo, lembre-se de que pode se voltar para a meditação onde quer que esteja. Apenas alguns minutos de meditação Mindfulness (da atenção plena) podem mudar todo o seu estado de espírito e melhorar o seu humor, para melhor.

Da próxima vez que você se sentir um pouco estressado, encontre uma cadeira e sente-se sozinho por pouco tempo. Você pode fazer isso no ônibus, na rua enquanto caminha ou está em seu carro (apenas certifique-se de que está estacionado primeiro!) Feche os olhos e volte o foco para a respiração. Observe o ritmo natural e determine se você tem alguma área do corpo que esteja com estresse excessivo.

Lembre-se de relaxar essas áreas e deixe-se acalmar. Continue a respirar e observe as mudanças que você sente no corpo. Não apresse este processo. Continue levando esse momento pelo tempo que precisar. Quando estiver pronto, você pode abrir os olhos devagar e tirar um momento para se sintonizar ao ambiente. Então levante-se e volte ao seu dia.

Você perceberá através da simples meditação que a mente ficará à vontade e poderá controlar as suas emoções de maneira saudável. Você é muito mais que as suas emoções. Você é maior que os pensamentos.

Agora é hora de desenvolver a sua mente e entendero quão poderosa,ela realmente é. É o segredo da felicidade, paz e amor ao longo da vida.

Conclusão

Espero que este livro possa ajudá-lo a desenvolver uma rotina diária de meditação para influenciá-lo positivamente.

Eu pretendo ajudar o máximo de pessoas que eu puder em espalhar essa prática para que vocês possam receber os mesmos benefícios que eu tenho!

O próximo passo é acompanhar a sua meditação e praticar todos os dias para manter uma vida plena e de atenção plena.
Obrigada e boa sorte!

Parte 2

Introducción

Como terapista de masajes por los últimos 15 años, mi carrera se ha centrado entorno a ayudar aliviando el dolor y el estrés de las personas.

¡Y nosotros estamos estresados!.

Nosotros tenemos nuestros hombros tensos alrededor de nuestras orejas. Nuestros músculos están anudados. Nosotros estamos cansados la mayor parte del tiempo, y estamos doloridos. Muchos de nosotros sentimos, que no tenemos tiempo suficiente en el día, y estamos con los primeros síntomasde ansiedad y depresión. Nuestras relaciones, nuestra paz mental, nuestra satisfacción con la vida, aquí,están en juego.

Pero que, si yo le digo que en cincocortos minutos al día, haciendo algo simple, sencillo y gratuito, podría conseguir revertir esa situación?

¿Que si usted podría sentir su cuerpo

relajado?,¿Si pudiera respirar profundamente y saber en el fondo que todo está bien?, ¿Que usted pudiera experimentar ese profundo nivel de calma y paz?

¿Qué pasaría si estos cinco minutos redujeran dramáticamente su estrés e incluso lo dejaran con un mejor estado de ánimo?, ¿Que pasaría si usted pudiera experimentar menos dolor en su cuerpo, sin medicamentos?, ¿Qué pasaría si su esposa, sus hijos, o sus compañeros de trabajo mencionaran que usted a estado mejor últimamente?, ¿ Qué pasaría si usted se sentiría mas feliz? , ¿Qué pasaría si tuviera un botón de pausa que le permitiera elegir cómo responder a una situación, en lugar de reaccionar de una manera que podría lamentar más tarde?, ¿Qué pasaría si realmente sintiera que tiene más tiempo en su día?

¿Estaría interesado?,¿Estaría dispuesto a intentarlo?, ¿Estaría dispuesto a dedicar 5 minutos al día para obtener esos beneficios?.

Imagínese, 5 minutos al día para reducir el estrés y mejorar su estado de ánimo. Imagínese.

A través de los años, cuando yo estuve enseñando a mis clientes las técnicas simples que yo estoy compartiendo con usted – y ellos las practican de manera regular – Yo puedo sentir la diferencia en sus cuerpos.

Sus músculos no están sosteniendo tanta tensión, están mas suaves. Sus hombros relajados naturalmente y descendidos alrededor de sus orejas. Los hombros no estántan dolorosos a la palpación. Yo puedo ver una diferencia en sus rostros. Las líneas de tensiónsuavizadas. Algunas veces ellos incluso se ven mas jóvenes. Ellos me dicen que tienen más energía al final del día, porque no se preocupan tanto por las cosas. Sus cónyuges les dicen que es más agradable estar cercade ellos.

Como un antiguo miembro del cuerpo

docente de la escuela de masaje, y como un líder trabajador, he enseñado estos métodos también a los estudiantes en escuela y en talleres. Ellos informaron sentirse mas calmados, menos estresados, y menos ansiosos que antes de la prueba. Encontraron que son mas capaces y resistentes en su vida, día a día. Ellos tienen más energía y no están tan cansados y agotados, cerca del final del día.

Y esos cinco simples minutos de meditación pueden ser extremadamente útiles, si usted desea dejar de fumar, dejar de estar gastando demasiado, o comiendo en exceso.

Como nuestro estrés se reduce por estas técnicas simples y antiguas, nosotros nos sentimos mejor. Simple y llano. Que aprenderá usted aquí, algo que ha sido probado por milenios, por personas, por todo el mundo. Estas no son ideas o métodos nuevos, lo que es buena noticia. Esta no es una moda pasajera que podría o no funcionar, en su lugar es una manera, probada y autentica de trabajar con nuestra mente y cuerpo para sentirnos mas tranquilos y mejorar la calidad de nuestras vidas.

Además, no tiene costo alguno, es sencillo de hacer, y usted puede hacerlo en cualquier momento, casi en cualquier lugar. Y tiene el poder de transformar su vida.

¿Por qué cinco minutos?

Incluso con los dones que me ha dado la meditación y el poder de hacerlo regularmente,yo aún no estaba meditando por largos periodos de tiempo cada día. Y con frecuencia no medite para nada, porque pensé que tenía que hacerlo por lo menos una hora diaria, preferiblemente más. Entonces, yo solo me sentía culpable por no hacerlo. Tonto, ¿cierto?. Pero yo me conocía a mi mismo lo suficiente para saber que yo no iba a invertir una o dos horas al día meditando, como me enseñaron, yo necesitaba obtener algún beneficio.

Entonces yo empecé a experimentar. ¿Realizando meditaciones cortas con regular frecuencia, podría hacer una diferencia?. ¿Podría tener algunos beneficios estando un prolongado tiempo sentándome cada día?

Yo creo que meditando por periodos mas largos de tiempo (una hora al día o más) es altamente beneficioso. Pero dicho esto, me he beneficiado de hacerlo con tan solo 5 minutos de meditación al día. Honestamente se siente tan bien, yo frecuentemente me quedo a meditar por 10 a 15 minutos. Pero incluso si solo toma 5 minutos me siento mas calmado, menos estresado, y estoy de mejor humor. Y cinco minutos, es lejos, *mejor* que nada en absoluto.

Yo deseaba encontrar si esto era verdad para otros también. ¿Ellos podrían experimentar también, una diferencia con solo hacer 5 minutos de meditación?

En 2006, tomé una posición de profesor adjunto en una escuela de masaje en Seattle.

Cundo tuve tiempo extra en clases, intenté probar con ellos.

Desde que yo estaba trabajando con personas, las cuales iban a estar ayudando a clientes, aliviando su estrés y su dolor, yo deseaba enseñarles a estos estudiantes,acerca de una meditación simple que podrían realizar y que podrían enseñar a sus clientes.

Lo que encontré fue sorprendente. Llevé a mis alumnos a través de unas simples meditaciones de 5 minutos, las cuales yo compartiré con ustedes pronto.

Al inicio de la clase, yo les pedíque puntuaran su actual nivel de estrés y de tensión – para medirlo en una escala del 1 al 10. Estando diez, por fuera del cuadro de desestresados, y uno,estandocalmados y sintiéndose muy bien. Entonces les pedí cerrar sus ojos, mientras los guiaba a través de una simple meditación durante 5 minutos.

Allí, fue un cambio en los sentimientos del salón. Se convirtió en calmado y tranquilo. Increíble – esos fueron los de las clases de la noche, entonces cada uno habían estado en sus trabajos todo el día y habían pelado con el tráfico para lograr llegar a clases. Por norma, fue apresurado y sin conexión, por un momento, mientras todos se acomodaban.

Mis estudiantes me dijeron que amaron realizar la meditación- Yo les pedí que midieran otra vez su nivel de tensión y estrés después del ejercicio. De manera global, ¡fue reducida a la mitad!. Ellos se sentían mucho mejor, y en un tan corto periodo de tiempo. Muchos de ellos, incluso, solicitaron que hiciéramos cinco minutos de meditación, antes de tomar una prueba. Ellos dijeron que deseaban sentir la misma sensación de paz y calma antes de tomar sus pruebas.

Yo comencé enseñándoles estas técnicas a

mis clientes y en los talleres. La respuesta es consistente. Las personas, de manera global informaron sentirse calmos, mas serenos, menos estresados, mas felices y sentir menos dolor y tensión en sus cuerpos. Las personas quienes continuaron en practicar, incluso 5 minutos cada día, informaron que sus vidas son transformadas para mejor.

Y luego comencé escuchando historias y leyendo artículos sobre los beneficios científicos,incluso en cortos periodos de meditación por día.

Tomando esos cinco minutos para hacer meditaciones y practicarlas, usted encontrará un par, que a usted le gustarán mas que las otras. Eso es mejor. Vaya con esa meditación. Practique diariamente. Es beneficioso practicar más si usted puede. Pero si usted solo tiene cinco minutos, eso es genial.

Al reservar cinco minutos diarios para practicar, usted entrena su mente y su cuerpo. Hay cambios químicos y físicos que ocurren en el cuerpo con la meditación. Aunque usted solo invierta cinco minutos, comenzará a obtener beneficios para ello.

¿Qué es Meditación?

Brevemente, echemos un vistazo a lo que es la meditación.

La meditación no es un acto de hacer, tanto como ser un estado de conciencia.
La meditación es un estado de profunda paz, donde la mente está en calma y quietud, sin embargo, completamente alerta.

Los ejercicios de meditación en este libro son un camino para cultivar y entrenar la mente en este estado de conciencia. Cuando la mente esta calmada, en paz y en tranquilidad, pero la conciencia permanece, el alivio del estrés y la felicidad, son el producto biológico natural

En breve, aprenderá de manera sencilla y fácil, pero poderosa y efectiva, meditaciones de 5 minutos.

Usted puede realizarlas fácilmente, casi en cualquier lugar. Pueden ser realizadas sin conocimiento alguno. También, he incluido algunas meditaciones que se basan en enfocarse en la respiración. Estas son especialmente buenas para situaciones potencialmente estresantes como estar en la oficina del jefe, realizando una presentación, pasando tiempos difíciles con la familia.

Yo prometo, si usted practica estas meditaciones regularmente, entonces usted tendrá una herramienta que puede transformar su vida.

Algo para usted, No importa quien es usted o Donde va

Todos nosotros tenemos diferentes estilos y preferencias. Ha algunas personas les gusta quedarse quietas y respirar, mientras que alguno de nosotros preferimos mover nuestros cuerpos y nos desagrada quedarnos sentados. Es posible que le resulte más fácil concentrarse al tener algo que ver o que prefiera escuchar algo.

No importa cual estilo usted prefiera, hay algo aquí, para que utilice cada día. Elija la estrategia que a usted le guste más. Utilícelas Cada día. Así es como usted se beneficiará.

Puedo decirle que hacer, pero usted necesita poner en practica para cosechar las recompensas que le están esperando

Es posible que descubra que le gusta hacer esto tanto, que lo hace por más de cinco minutos. ¡Eso es Genial! Vaya por ello. Pero, mientras lo haga por solo 5 minutos, usted reducirá su estrés y levantará su estado de animo..

Después de las meditaciones, yo he incluido una opción de un Reto de Diez Días de Meditación. Utilícelo para conseguir sus propios resultados. Hágalo solo por diez días. Si usted desea extenderlo por 30 días, eso es excelente y yo le animo a que vaya por ello. Pero, registre como se siente usted por 10 días, y dele unaimparcial evaluación. No crea solo en mi palabra, compruébelo por usted mismo.

Prepárese para dejar de lado su estrés y sentirse mejor.

Fundamentos para su práctica de meditación de 5 minutos.

Aquí hay algunos consejos básicos que sentarán una base sólida para su práctica de meditación.

Mientras usted este meditando apague todas las distracciones. Ponga el teléfono en otra habitación con el sonido apagado. Apague la computadora. Apague el televisor. Encuentre tiempo a solas. Son solo cinco minutos, entonces haga que cuenten. No se aflija porque recibió un mensaje de texto. Eso puede esperar.

Cuando este meditando, haga lo mejor para estar en una posición cómoda con ropa holgada. Si esto no es posible, no se preocupe. Puede ser una manera útil de comenzar. He hecho meditación en un cuarto de baño repleto. **En una gran** fiesta vistiendo pantalones ajustados y tacones altos. ¿Estaba yo cómodo? Nop. ¿La meditación me ayudo a sentirme mas relajado, a gusto y listo para disfrutar más la noche. Apuéstelo. No obstante, los tacones se tuvieron que ir. Pero si usted se puede dar el lujo de estar cómodo, por favor, hágalo.

Cree un recordatorio. Establezca un cronómetro o una alerta en su computadora como un recordatorio para meditar, por lo menos una vez al día hasta que se convierta en un hábito.

Alternativamente, incorpore sus cinco minutos en su rutina regular. Hágaloa primera hora de la mañana, justo después de lavarse los dientes.Tómese 5 minutos durante su receso para almorzar. Encuentre un lugar tranquilo para practicar un poco antes de la cena. (nota:usted también podría comer menos si haces esto) o hacerlo un poco antes de irse a la cama.

Como una bonificación, cuando usted pare en una luz roja mientras conduce, medite(¡con sus ojos abiertos!), o tome algunas respiraciones profundas. Cuando usted este escuchando a un compañero de trabajo quien le conduce por un camino equivocado, tome una respiración profunda. Esto puede disminuir su estrés aunque sea un poco, por razones que le compartiré en breve.

Usted puede realizar esto, sin importar donde se encuentre. Usted puede estar en el bus, en la oficina de su jefe, en una reunión o en un avión. Lo más probable es que nadie sepa que lo estás haciendo, y experimente una recarga inmediata de sus baterías.

Muy Importante

Su mentese va a preguntar cuando medite.Usted va a olvidar su meditación por completo en algún momento y se perderá en un sueño o en pensamientos fortuitos. Esta bien. Es la naturaleza de la mente. Solo regrese a su punto de enfoque.

No puedo decirle, cuanta gente me ha dicho, que ellos no pueden meditar, porque no pueden calmar sus mentes. Que necesitan ser capaces de calmar sus mentes primero, antes de poder comenzar a meditar. ¡Eso es completamente falso! Esa no es la manera en la que funciona, entonces no permita que lo detenga. Nuestras mentes deambulan y están ocupadas.

Recuerde, la meditación es la practica de conseguir entrar en un estado meditativo. Usted esta desarrollando un músculo. Suavemente vuelva a centrar su atención en el objetivo, que es la práctica de la meditación. Usted está entrenando y disciplinando su mente y su conciencia.

Cuanto más practique, mas sencillo será estar enfocado durante la meditación

Usted verá que esto también se introducirá

en otras áreas de su vida. Podrá concentrarte mejor, en los proyectos y tareas que estén frente a usted. Su mente se agudizará..

Aquí están mis meditaciones favoritas "Vamos". ¡Agarre ese cronómetro y comencemos!

La Conciencia de la Respiración en la Meditación

Instrucciones:

La Conciencia de la Respiración en la Meditación

1. Siéntese o échese en una posicióncómoda.

2. Cierre sus ojos.

3. Inhale y exhale por su nariz.

4. Note, sienta y observe las sensaciones alrededor de sus fosas nasales o de su boca mientras inhala y exhala.

5. Haga que su mente vuelva a concentrarse en la respiración, si esta divaga.

Notas:

- Usted, Querrá estar alerta, por lo que si tiene sueño, hágalo sentado.

- **Respire normalmente cuando usted haga esto.** No se preocupe por respirar profunda o lentamente o alterar su respiración de alguna manera. **Solo respire como esta respirando en este momento.**

- Sienta la respiración entrar y salir de sus fosas nasales. Va a sentir diferentes sensaciones en sus fosas nasales, a medida que el aire se mueve hacia adentro y hacia afuera. Puede sentir presión y notar la temperatura del aire. Tal vez lo sienta seco, o húmedo. Simplemente, préstele atención a lo que sea que sienta, que sucede alrededor de su nariz cuando respire.

- Si por alguna razón, no puede respirar por la nariz porque tiene un resfriado o alergias, **esta bien.** Usted hará la misma meditación respirando por la boca. Preste atención a la sensación del aire en sus labios, cuando entra y sale por su boca

Este es su enfoque durante cinco minutos.

Meditación Mantra

Un mantra es la repetición de una palabra o de un sonido para ayudar en la concentración.

1. Cierre sus ojos.
2. Elija un mantra.
3. Repítala una y otra vez en su mente.
4. Regrese a su en foque con el mantra si su mente deambula.

Nota: Esta es una técnica simple y popular. Si seguir su respiración es demasiado sutil, entonces es posible que prefiera algo *como esta técnica*, como ser una meditación enfocada. Usted puede enfocarse tanto en un mantra como en una palabra, una oración, hasta incluso contando hasta diez. Luego repítala constantemente por la duración de su meditación.

*Esta podría ser una palabra, un sonido, una oración corta, e incluso contar, Aquí hay algunos ejemplos:

- OM

- Gracias

- Paz

- Amor

- Armonía

- Soy lo que soy

- Que todos los seres sean felices, que todos los seres encuentren paz

- Cuente desde el 1 hasta el 10, o cuente

desde el 1 al 4, Repita durante toda la meditación

- Cuente desde el 1 hasta el 5, y desde el 5 al 1.

O elija una que usted conozca, o le agrade.

Beneficios Adicionales

Mantra meditación puede ser especialmente útil si su cabeza esta navegando en pensamientos y usted necesita aclararlos. Si usted desea resolver un problema y conseguir sus mejores ideas en la ducha, cuando se este lavando los dientes, cuando este estilo pueda ser útil para usted.

Esto es bueno para usted si usted es alguien a quien le gusta un enfoque mas estructurado.

Punto Visual, o de Enfoque

Instrucciones:

1. Elija un punto de enfoque o algo para

mirar.*

2. Continúe mirándole fijamente

3. Cuando su mente comience a deambular, vuelva a enfocarse en el objeto.

Si usted es una persona visual y meditar con los ojos cerrados no funciona para usted, puede preferir este

método.

* Eligiendo un punto de enfoque. Aquí están algunos ejemplos:

- Encienda una vela y observe la llama.

- Una imagen

- Una planta

- Un globo de nieve

- Una mesa

- Un arroyo, un lago, o un océano

- Una mándala (una mándala es un circulo con diseños geométricos dentro de el.)

Notas:

Elija algo que no contenga imágenes en movimiento.

Yo le recomiendo, además, que elija una imagen o una fotografía sin mucho peso emocional en ella. No elija una fotografía que le ocasione a su mente divagar en exceso. Manténgase emocionalmente neutral. Por ejemplo, evite elegir una fotografía de su ex pareja, o una figura política para este ejercicio.

Además, la televisión o su teléfono no son buenos puntos de enfoque para una meditación visual. Es demasiado fácil distraerse con ellos. Eso es como intentar trabajar en una tienda de rosquillas, demasiada tentación para usted.

Meditación Caminando

Para personas a quienes les gusta moverse o tienen dificultades para quedarse sentados.

1. Elija un lugar lo suficientemente grande para dar varios pasos.
2. Comience por estar quieto por un momento. Sienta su cuerpo mientras este quieto. Principalmente, sienta su peso sobre sus pies.
3. Preste atención a las sensaciones y sentimientos de su cuerpo. Comience a caminar despacio pero cómodamente. Sienta sus pies tocar el suelo. Note como su cuerpo se siente mientras se mueve. Comenzando con sus pies, luego mover sus tobillos, sus rodillas. Como sus caderas se sienten cuando... usted se mueve? Su espalda, su cuello? Simplemente observe la sensación sin juzgar si son buenas o malas o tratando de modificar algo.
4. Variación: Cuente sus pasos mientras camina. Ese será su punto de enfoque.

Nota:

La meditación caminando se puede realizar en casa. Encuentre un cuarto, o un espacio lo suficientemente grande para dar varios pasos. Usted podría necesitar caminar en círculos o de ida y vuelta.

Algunas personas eligen hacer un movimiento estructurado de meditación como el Tai Chi, el Chi Gong o el Yoga. Esas son practicas maravillosas y podría ser algo que austed le podría gustar explorar si usted disfruta la meditación que incluya el movimiento.

Meditación del sonido, la música o el cantico

(El cántico es cantar o entonar un sonido o una palabra una y otra vez)

Instrucciones:

1. Elija una pieza musical, sonido o frase para cantar repetidamente*
2. Cierre sus ojos
3. Enfóquese solo en la música, el sonido

o el cantico por cinco minutos: Note también como siente la música en su cuerpo cuando hace esto.

* Algunas ideas y opciones

- "La unidad Om" autora AnandaGiri en CD o descarga. Muy sosegador y funciona bien bien para la meditación.

- Músicaclásica tranquilizante.

- Busque en línea una pieza de yoga o música para meditación.

- Cante o coree las palabras de la técnica de meditación mantra.

- Encuentre un gong o un cuenco cantor para utilizar. Estos pueden ser encontrados en línea o posiblemente en un estudio local de yoga, o en una tienda alternativa de libro. Estos estántambién disponibles en CD o para descargar.

Una variación de la meditación.

Respiración enfocada

Otra forma de meditación que también es muy útil esta enfocada en la respiración. Los ejercicios de la respiración enfocados son una forma poderosa de reducir el estrés, incrementa su energía, y mejora su humor, y reduce el dolor. Utilícelos en su hogar, o en cualquier momento que usted necesite relajarse, calmarse o sentirse mejor. Se dan algunos ejemplos en los capítulos siguientes.

Como Respirar Para Que Usted Tenga el Mayor Beneficio de Ello.

No importa que tipo de meditación usted elija hacer, respirar correctamente es esencial.

Nosotros nacimos sabiendo como respirar profunda y fácilmente, pero por lo general necesitamos volver a aprender como adultos. En efecto, mucho de nosotros inconscientementetendemos a contener el aliento. Este es una respuesta natural cuando estamos en peligro. Nosotros usualmente percibimos al estrés como una amenaza o como peligro. Y ya que nuestra cultura está llena de estrés, caminamos como si siempre estuviéramos en constante peligro. Por lo tanto, la mayoría de nosotros estamos respirando de manera parcial.

Como funcionan los pulmones y la respiración

Una corta lección de anatomía. Nuestros

pulmones van desde la parte inferior de nuestras costillas hasta nuestros hombros.

Cuando tomamos una respiración profunda, un musculo llamado diafragma es empujado hacia abajo de nuestro abdomen, creando una aspiradora que empuja el aire en nuestros pulmones y expande nuestro estomago hacia afuera.

La mayoría de nosotros tendemos a respirar profundamenteelevando nuestros hombros, pero la parte inferior de nuestros pulmones (donde están la mayoría de los receptores de energía y oxígeno) se infrautiliza. Cuando nosotros no permitimos que nuestro estómago se relajar cuando introducimos aire, nuestro diafragma no puede contraerse en su totalidad y no conseguimos respirar profundamente.

Intente esto. Mírese en el espejo. Tome una respiración profunda. ¿Usted nota que sus hombros se elevan?Si sus hombros se elevan pero su estomago se mantiene plano, entonces no está respirando adecuadamente. Usted no esta consiguiendo una respiración profunda como la necesita. Esto está a punto de cambiar.

Si alguna vez ha tomado una clase de yoga, puede estar familiarizado con lo que se llama El Aliento de Tres Fases. Esta es una manera de respirar que le permite llevar el aire total y completamente.

Este próximo ejercicio es muy valioso, porque cuando aprende a respirar correcta y profundamente, nutre poderosamente las células del cuerpo. Y se siente realmente bien.

El circulo de estrés y cómo la respiración lo aniquila correctamente

Hay muchos músculos que le ayudan en la respiración junto con el diafragma. Incluidos en estos, están los músculos del cuello, los hombros, y los músculos del pecho, que elevan las costillas superiores para dejar espacio, para más cantidad de aire en la parte superior de los pulmones.

Cuando usted esta ansioso, estos mismos músculos tienden a permanecer tensos y contraídos. Puede experimentar esto, cuando su cuello y hombros se sienten contraídos, doloridos y con nudos.

Cuando usted continúa respirando, elevando los hombros, sin relajar el estómago para respirar más profundamente, también mantiene tensos los músculos que se contraen cuando estás ansioso y estresado, contracturado y "encendido".

Lo que sucede es que usted crea un circulo donde, cuando está estresado, sus hombros están tensos, y cuando está ansioso y estresado y solo respiraelevando los hombros, los mismos músculos están tensos.

En efecto, está creando un circulo de retroalimentación de estrés en su cuerpo.

Cuando usted comienza a relajarse y respirar profundamente en su vientre, sus hombros y su cuello comienzan a relajarse. Esto luego envía una señal a su sistema nervioso de que ya está relajado y puede, después, respirar más profundamente.

Luego es mas sencillo conseguir una respiración profunda, la cual nosotros realizamos cuando estamos relajados. Lo que hace mas fácil relajarse y respirar profundamente. Entonces sus hombros y su cuello se relajan, permitiéndole una respiración mas profunda y permitiendo que nuestro estrés se libere aún más. ¿Usted comprendió la idea?

Esta es una clave para su salud y felicidad. No importa que meditación haga usted, entrénese a respirar hacia su vientre. Es sencillo hacerlo, pero requiere práctica. Puede parecer inusual al principio, pero cuando lo aprenda, se dará cuenta de que se siente realmente bien. Se sentirá más relajado y es posible que sienta, que has tomado la respiración más profunda que ha tomado en años.

La respiración en Tres Partes

Instrucciones:

1. **Échese o siéntese:** Vista algo cómodo, y nada apretado alrededor de su cintura

(desabroche o desabotone sus pantalones si es necesario). Es útil estar recostado para esta práctica, pero no es esencial

2. Deje que su estomago se relaje por completo. Ponga sus manos sobre su ombligo, e inhale, permitiendo que su estómago se relaje y se expanda. Su estómago se expandirá y se pondrá más grande cuando inhale. Usted sentirá sus manos elevarse mientras descansan sobre su ombligo.

3. Una vez que su vientre este lleno de aire, coloque sus manos a los lados de sus costillas. Sienta sus costillas expandirse hacia afuera mientras continua inhalando.

4. Después respire hasta su pecho y sus hombros. Siéntalos elevarse con cada respiración.

5. Repetir. Permita que su estomago se expanda, sus costillas se expandan, y sus hombros y su pecho se eleven

suavemente.

Notas:

Esto le tomará algo de tiempo y práctica conseguirlo. No se preocupe si no lo logra de inmediato. Usted puede dividir la práctica en pasos. Primero, enfóquese en relajar su estomago y sentirlo expandirse a medida que respira. En un par de días, a medida que se convierta en más sencillo, agregue sentir sus costillas expandirse. Luego, combine el estómago, luego las costillas. Cuando se haya familiarizado con eso, y entonces deje que sus hombros suban suavemente también.

No se maree haciendo esto. Si se siente mareado, descanse y respire normalmente por algunos momentos. Luego continúe, pero ralentice su respiración.

Recuerde, usted tiene mas receptores de oxígeno en la base de sus pulmones que en la parte superior, entonces si usted no expande su estómago cuando respira, usted no conseguirá **aprovechar de todo** ese oxigeno extra.

Relación de La Respiración 1-4-2

La relación de la respiración 1-4-2 puede mejorar significativamente su estado de ánimo, Es excepcionalmente bueno de realizarse si usted se siente triste o si tienes un antojo de algún tipo (deseando comer demasiado, fumar, beber gritar, etc.). Esto también es bueno si usted esta por tener una entrevista o dar una presentación. Cambiará y estimulará su estado de ánimo y actitud.

Instrucciones:

1. Siéntese o acuéstese.

2. Cierre sus ojos.

3. Inhale contando 1*.

4. Sostenga la respiración contando hasta 4*.

5. Exhale contando hasta 2*.

6. **Repita por cinco minutos.** Tome un breve descanso para respirar normalmente entre ciclos de diez respiraciones si lo necesita.

Notas:

* Puede usar el número que quiera para inhalar y exhalar.

Si usted cuenta hasta dos, luego exhale, para este ejemplo, es 10

Si usted fuera a inhalar contando hasta 5, luego usted podría sostener el aliento contando hasta 20 (o cinco multiplicados por cuatro). Una cuenta puede ser cualquier numero de su elección. Comience con un número inferior a 10 y trabaje para arriba. Recomiendo cuatro o cinco para comenzar. Entonces es 4-16-8 o 5-20-10, por ejemplo.

Si usted siente algún esfuerzo o estrés mientras realiza esto, disminuya la cuenta de sus respiraciones. O cambie a la meditación de Conciencia de la respiración por el resto de los cinco minutos. Trabaje realizando esto por los cinco minutos completos.

Esta respiración en particular es bueno para estimular el flujo linfático en su cuerpo.

Relación de La Respiración 1-2

Esta respiración es excelente para aliviar la ansiedad.

Instrucciones:

1. Inhale por su nariz al contar 1*
2. Exhale por su boca al contar 2*

*Usted puede utilizar cualquier numero que guste para inhalar y exhalar. Su exhalación solo necesita ser el doble que la inhalación.

Notas:

No cree ninguna tensión con esta respiración. Si se siente complicada, hágalo por un tiempo más corto.

Es importante no hacer esto demasiado rápido. Puede ser bueno trabajar para ello si es necesario. No se maree.

Variación: Si usted esta sintiendo enojo o irritabilidad haga esta variación.

Moje sus labios antes de inhalar por su boca y exhalar por su boca.

La humedad hará que la respiración se sienta fresca, lo que también le "enfriará".

Prepárate para el éxito. Hacer meditaciones de 5 minutos como parte de tu vida diaria

Felicidades por llegar tan lejos! Usted esta mostrando su compromiso para sentirse bien, libre de estrés y mejorar su estado de animo. Me quito el sombrero por tomar el mando de su vida y por tomar medidas para que esta sea lo mejor posible.

Quiero que tenga el mayor éxito posible y se beneficie plenamente de lo que ha aprendido aquí. La clave es practicar, practicar, practicar!

Pero las cosas surgen, así que hablemos de algunos de los obstáculos que puede encontrar y cómo lidiar con ellos.

Uno de los obstáculos que usted puede atravesar es, que debido a que esto es "solo" 5 minutos, se dice a sí mismo que lo hará más tarde, - y ese más tarde, nunca llega. Por lo que, ¿que hacer al respecto? Póngalo en su calendario. O coloque un recordatorio donde lo verá. Una nota adhesiva en su pasta dental, por ejemplo. Algunas personas ponen una alarma en su teléfono para irse unos minutos antes. Cualquier método que usted tenga para registrar y recordar que debe hacerlo, es recomendable.

Puede pensar que cinco minutos es demasiado corto para ser realmente efectivo. La experiencia me ha demostrado que eso no es cierto. Pero no escuche mis palabras. Pruébelo por usted mismo. Tome el reto de Meditación por 10 días que esta al final de este libro. Grafique su propia experiencia y luego decida. Si bien diez días son cortos, se beneficiará aún más si hace esto durante muchos meses. Creo que encontrará, que este es un uso valioso de tu tiempo.

Para algunos de nosotros, la parte más difícil de hacer algo, es simplemente comenzar. Si este es su caso, entonces, durante la primera semana, siéntese y cierre los ojos como si fuera a meditar. Ni siquiera tiene que hacer la meditación. Solo siéntese un momento como si lo fuese a hacer. O practique apagar el teléfono, la computadora, la televisión y la radio. Solo haga eso todos los días durante una semana y tómelo como buena decisión. Usualmente, cuando nosotros damos un pequeño paso en la dirección correcta, se crea un efecto de bola de nieve. Puede que se encuentre diciendo, ¡ah, qué diablos, puedo hacer esto durante cinco minutos!

Quizás le preocupa que otros piensen que es usted raro si medita. Los seres humanos han estado haciendo meditación por cientos de años, entonces si usted medita, está en buena compañía. Pero no todo el mundo comprende esto. Si alguien piensa que usted es raro haciendo esto, usted tiene dos opciones:

Una es no decirles. Ni siquiera tienen que

saberlo. Medite en privado para que nadie le vea. Podría estar en su auto (cuando no este conduciendo por favor). Podría ser en el baño o en su hogar cuando no haya nadie. Con el tiempo, cuando ellos comiencen a notar cambios positivos en usted, pueden preguntarle qué ha estado haciendo. Depende de usted si les dirá o no.

Alternativamente, usted puede invitarles a unírsele. Dígales sobre este libro y puede practicar con ellos. Tome el reto de meditación de 10 días. Cree un grupo de ayuda o un sistema de compañerismo.

Otro obstáculo con el que se puede encontrar es olvidarse de hacerlo o pasar un período de tiempo sin meditar. No se preocupe, solo regrese donde lo dejó.

Y finalmente, puede encontrar sus propias preocupaciones sobre si la meditación es aceptada por su religión o sistema de creencias. La meditación es practicada al rededor del mundo por personas de muchas creencias. Los métodos descritos en este libro no poseen ninguna orden religiosa y pueden ser practicadas por cualquiera sin ir en contra de su sistema de creencias. La mayoría encuentra esto, de hecho, una práctica que profundiza su fe. Sin embargo, si esto le preocupa, consulte a su líder o maestro religioso o espiritual.

Reto de 10 días de Meditación

Como lo mencionamos, una de las claves mas importantes para la meditación es la practica diaria. Porque esto es solo 5 minutos, es sencillo practicarla diariamente. Practicar una vez al día es mucho más importante que intentar hacerlo 35 minutos una vez a la semana. Es como hacer ejercicio – usted obtiene beneficios por realizarlo de manera regular. No puede ir al gimnasio una vez para compensar el hecho de no ir de forma regular. Cuanto más regularmente haga ejercicio, más se beneficiará.

Aquí hay un reto simple para usted. Le recomiendo que haga esto para construir su músculo de meditación. Es divertido y fácil hacer esto.

Como tomar el reto

1. Primero, pruebe cada una de las meditaciones que se describen en este libro y pruebe cada método.
2. Tome notas sobre cada método en la tabla de abajo
3. Encuentra uno que le guste y quiera seguir durante diez días.

Meditación	Lo amé	Me gustó	Lo haré más tarde	Notas
Conciencia de la Respiración				

Mantra					
Punto de Enfoque en meditación					
Meditación caminando					
Sonidos para la Meditación					

Respiración en tres partes				
Respiración 1-4-2				
Respiración 1-2				

4. Una vez que usted decida que método utilizará, decida en que tiempo meditará y póngalo en su calendario.

5. Mire el siguiente cuadro. Este es su cuadro para el reto de 10 días.

6. En este cuadro, tome notas en el área

indicada de como el nivel de relajación y de su estado de animo están en general durante todo el día. Usted puede usar un sistema de numeración o de palabras si usted gusta. Sea tan conciso o detallado como quiera.

7. Luego, tome nota de como se siente justo antes de meditar, y como se siente justo después de meditar.

8. Repita diariamente por diez días.

Al final del reto, dele una mirada a su cuadro. ¿Usted nota algún cambio? ¿Es un poco más reflexivo en cómo responde a las situaciones? ¿Está un poco menos nervioso en un atasco de tráfico? ¿Siente que has tenido un respiro en su día, que le quita una pequeña ventaja para que pueda entender sus pensamientos?

Le recomiendo que haga este reto de diez días de meditación y de las técnicas de respiración enumeradas en este libro. Usted podrá notar los diferentes beneficios de cada método.

Día	Método de meditación	Nivel de relajación y Estado de animo Antes de meditar	Nivel de relajación y Estado de animo Después de meditar	Nivel de relajación y Estado de animo Durante el Día y Notas
1				
2				

3					
4					
5					
6					
7					
8					

| 9 10 | | | | | |

Conclusión

Las personas han estado meditando por cientos de años. Esto no un fenómeno solo del el siglo. Utilice estos métodos antiguos probados y verdaderos para beneficiarse en su propia vida.

Imagine poder pasar el día sintiéndose más tranquilo y en paz. Hacer que otros comenten en como usted se ha convertido en una persona tranquila.

Imagine sentir menos estrés. ¿Podría tener mas energía? ¿Podría sentir menos ansiedad o depresión? ¿Podría sentir su vida mas placentera y agradable?

Imagine tener una herramienta que le ayude a reducir el dolor—estudios han demostrado que esto es posible con la meditación.

Imagine que las cosas que le irritan simplemente las pueda ignorar.

Imagine tener una herramienta a su disposición que aumenten su creatividad y sus habilidades para resolver problemas.

¿Podría tener ese súper poder? Tal vez.

Pero estos son simplemente algunos de los beneficios que puede obtener al meditar regularmente.

Utilice lo que aprendióaquí. Practique por 5 minutos diariamente. Coseche los beneficios. Corte su estrés. Levante su estado de animo. Y transforme su vida.